Arswyd y Byd

12. 4 . 76

CW01563596

Arswyd y Byd!

Tair Stori Ias a Chyffro

gan

T. Llew Jones

Gwasg Gomer
1975

Argraffiad Cyntaf / Rhagfyr 1975

Hawlfraint / T. Llew Jones a Gwasg Gomer

SBN 85088 329 6

Dymunaf gydnabod cefnogaeth garedig
Cyngor Celfyddydau Cymru a'm
galluogodd i gwblhau'r gwaith hwn.

T.Ll.J.

Argraffwyd yng Ngwasg Gomer, Llandysul

CYNNWYS

DIRGELWCH PLAS CWM TYWYLL

Roedd Olwen Huws yr Hendre newydd orffen ei brecwast, ac yn awr safai wrth ffenest fawr yr ystafell fwyta yn gwylio'r glaw'n dripian o'r coed hanner noeth tu allan. Eisteddai ei mam wrth y bwrdd o hyd—yn ei chadair olwyn fel arfer—oherwydd roedd hi'n gripil ers blynyddoedd, ac ni fedrai gerdded cam.

"Mae'r post yn hwyr y bore 'ma," meddai Mrs Huws.

"Mae e'n dod nawr, Mama," atebodd ei merch, a oedd newydd weld yr hen Walter y Postman yn dod yn drafferthus ar gefn ei feic i fyny'r lôn tuag at y tŷ. Gwyliodd ef yn disgyn wrth ddrws y ffrynt ac yna clywodd y llythyron yn disgyn yn y bocs. Aeth allan i'r cyntedd ar unwaith oherwydd gwyddai fod ei mam bob amser yn disgwyl yn eiddgar am y post.

Daeth yn ôl at y bwrdd brecwast â rhyw hanner dwsin o amlenni yn ei llaw. Dau gatalog dillad merched, rhywbeth tebyg iawn i fil, llythyr oddi wrth Modryb Deborah, chwaer Mrs Huws—o Gaerdydd. Adnabu hi a'i mam ysgrifen ddestlus Modryb Deborah ar unwaith. Estynnodd Olwen hwnnw i'w mam yn gyntaf. Yna sylwodd ar un amlen fawlyd a'r cyfeiriad wedi ei sgrifennu mewn pensel, mewn llawysgrifen aflêr ac ansicr.

Capten Richard Huws,
Yr Hendre,
Llanyrafon, Sir Benfro.

Edrychodd Olwen yn syn ar y cyfeiriad. Roedd ei thad—y Capten Richard Huws—wedi colli ei fywyd yn yr Ail Ryfel Byd bum mlynedd ynghynt. Pwy oedd yn sgrifennu ato nawr bedair blynedd ar ôl i'r rhyfel hwnnw orffen?

"Edrychwch ar hwn, Mama," meddai. Ond roedd ei mam yn brysur yn darllen llythyr ei chwaer, ac ni chymerodd unrhyw sylw. Edrychodd Olwen unwaith eto ar y llythyr. Roedd rhywbeth yn rhyfedd yma, meddyliodd. Yr amlen fawlyd, a honno'n bletiau i gyd, yr ysgrifen fel baglau brain. Torrodd y sêl.

Tynnodd allan ddarn o bapur wal a hwnnw wedi melynu gan oed. Roedd arno batrwm o fioledau mewn basgedi hen-ffasiwn. Ar yr ochr arall i'r darn papur yr oedd y geiriau hyn wedi eu hysgrifennu'n frysiog.

Annwyl Richard,
  Rhaid i chi ddod ar unwaith. Mae . . .
Cathrin (Cwm Tywyll)

"Mama!" Roedd rhywbeth yn llais Olwen y tro hwn a wnaeth i'w mam roi llythyr ei chwaer i lawr ar y bwrdd ar unwaith.

"Beth sy, cariad?" gofynnodd.

"Edrychwch ar hwn, Mama, 'newch chi?"

Cydiodd Mrs Huws yn y llythyr. Edrychodd hithau'n syn ar y darn papur wal â'r fioledau drosto i gyd. Yna edrychodd ar y sgrifen yr ochr arall.

"O dier!" meddai, "'dyw hi ddim yn gwbod . . . ddim wedi clywed am Richard!"

"Pwy yw Cathrin 'te, Mama?"

"Cathrin Huws, Cwm Tywyll, perthynas pell i Dadi. Rown i'n meddwl fod yr hen greadur wedi marw, Olwen. 'Dwy'i ddim wedi clywed gair oddi wrthi ers blynyddoedd. Hen ferch yn byw wrthi'i hunan mewn hen blas—Cwm Tywyll—rywle tua Llansteffan? Ie, dyna fe—Llansteffan. Rwyn cofio Dadi'n dweud 'i bod hi'n hen ferch od iawn—byth yn mynd i unman nag yn gwahodd neb i'r Plas byth. Rhyw greadur felna."

"Mae'r llythyr yn dweud . . . y . . . 'rhaid i chi ddod ar

unwaith'," meddai Olwen. "Mae'n swnio fel pe bai rhywbeth o le—fel pe bai'n gofyn am help."

Crychodd ei mam ei thalcen. "Ydy mae hi. Ond gofyn i Dadi ddod mae hi ontefe? Falle 'i bod hi am weld rhywun o'i thylwyth cyn marw neu rywbeth? Fe fydd rhaid i fi sgrifennu nôl ati i ddweud wrthi nad yw Dadi, druan, ddim gyda ni bellach. Dyna i gyd fedrwn ni neud. Fedra i ddim mynd i' gweld hi, Olwen. Pe bawn i'n iach fe awn gyda phleser i weld yr hen wraig."

"Fe allwn *i* fynd, Mama."

"Wel . . . y . . . mae'n wylie hanner tymor, wythnos nesa' wrth gwrs. Falle bydde Dadi'n falch pe baet ti'n mynd i roi tro am yr hen wraig. Fe gaiff Jên a tithe fynd; ac os yw'r hen greadur yn wael, falle bydd eisie i chi aros noson neu ddwy yn y plas."

"Ond beth amdanoch chi, Mama?"

"O fe fydd Martha'r Cwc yn gofalu amdana' i, cariad."

Ond wrth fynd ar gefn ei beic i'r ysgol uwchradd y bore hwnnw, fe deimlai Olwen dipyn yn edifar iddi awgrymu'r fath beth. Dyna ffordd braf i dreulio rhan o'i gwyliau hanner-tymor—mynd i weld hen wraig yn byw mewn lle o'r enw Cwm Tywyll!

*   *   *   *

Cyrhaeddodd Olwen a Jên Parri stesion Llansteffan gyda'r trên chwech o'r gloch, pan oedd hi'n dechrau tywyllu. Dynes fach, dew fochgoch oedd Jên Parri—tua hanner cant oed—ac roedd hi wedi gweld magu Olwen, waeth roedd hi wedi bod yn forwyn yn yr Hendre am dros ugain mlynedd.

"Ble mae Plas Cwm Tywyll os gwelwch chi'n dda?" gofynnodd Jên Parri i'r dyn oedd yn derbyn eu tocynnau wrth y gât.

"Cwm Tywyll? Y . . . ydych chi'n mynd fanny heno?"

"Wel, ydyn—pam?"

"Y . . . wel . . . mae'n dechre nosi . . . ac mae 'na ddwy filltir o waith cerdded . . . ar hyd hen ffordd unig."

"Dwy filltir! Gwaith ychydig dros hanner awr o gerdded—'dyw hynny'n ddim i ddwy ferch ifanc fel ni!" meddai Jên Parri'n gellweirus.

"Ydyn nhw'n eich disgwl chi lan 'na?" gofynnodd y dyn.

"Nadyn," atebodd Olwen, "ond mae Miss Cathrin Huws yn perthyn i fi."

Ysgydwodd y dyn ei ben. "Ie, wel, falle fod popeth yn olreit wedyn te. Ond does 'na neb yn ca'l croeso yn y Plas fel arfer. 'Dyw'r hen ledi ddim am weld neb ac mae'r dyn a'r ddynes 'na sy'n edrych ar 'i hôl hi'n gofalu na chaiff neb groesi'r trothwy. Ond o ran hynny, 'does 'na neb o'r pentre 'ma'n mynd yn agos i'r lle, yn enwedig ar ôl iddi dywyllu."

"Pam, yn eno'r dyn?" gofynnodd Jên Parri.

"Mae 'na bobol wedi ca'l profiade rhyfedd lan tua Cwm Tywyll fforna fwy nag unwaith. Ond 'dwy'i ddim am godi dychryn arnoch chi, cofiwch. Os ydych chi'n perthyn ddweda i ddim rhagor."

"Diolch yn fowr am gymint â hynna o gysur!" meddai Jên Parri.

"Trowch ar y dde ar ôl mynd mla'n ar yr hewl fowr am ryw hanner milltir. 'Does dim lle i fynd ar goll; mae'r plas ar y graig uwchben y cwm—Cwm Tywyll."

"'Dŷch chi ddim yn meddwl 'i bod hi'n well i ni gael tacsi, Jên?" gofynnodd Olwen, ar ôl i'r ddwy gerdded allan i'r ffordd fawr.

"Ba!" meddai Jên, "os cymer hi gymint o amser i ni gael tacsi ag a gymrodd hi i hwnna ddweud wrthon ni ble mae Plas Cwm Tywyll, fe fyddwn ni wedi cyrraedd cyn bydd y tacsi wedi cychwyn o'r fan hyn. Na, gad i ni gerdded." Cardi oedd Jên Parri, ac roedd hi'n groes i'r graen ganddi wario arian ar dacsi pan allai gerdded.

Ymhen hanner awr roedd y ddwy wedi dod i olwg Plas

Cwm Tywyll. Erbyn hynny roedd y nos wedi eu dal. Ond tua'r gorllewin roedd yr awyr yn olau o hyd, a rhyngddynt a'r golau gwan yn y pellter, gallent weld simneiau'r hen blas yn dywyll ac yn sinistr yr olwg arnynt. Nid oedd golau yn yr un ffenest.

Aeth y ddwy i mewn trwy gatiau agored a cherdded i fyny lôn gul, dywyll at y drws.

Curodd Jên Parri ar y drws mawr â choes ei hymbrela. Aeth y sŵn trwy'r hen dŷ distaw, ond ni ddaeth neb i agor y drws. Safodd y ddwy yno yn y tywyllwch yn gwrando am unrhyw smic o sŵn o'r tu fewn. Ond roedd y cyfan fel y bedd. Yn y distawrwydd gallent glywed y gwynt yn cwyno yn y coed hynafol a oedd yn tyfu'n drwchus o gwmpas y plas.

"Oes 'na rywun yn byw yn y lle 'ma, dwed?" meddai Jên Parry.

Roedd ei llais yn swnio'n uchel ac allan o le yn y tawelwch tywyll. Teimlodd Olwen ei chalon yn curo'n gyflymach. Dychmygodd fod yna glustiau'n gwrando a llygaid llechwraidd yn eu gwylio trwy'r tywyllwch. Ysgydwodd ei phen i geisio gael gwared o'i hofnau ffôl. Yna rhoddodd ei chalon naid i dwll ei gwddf pan glywodd sŵn sydyn Jên Parri'n curo'r drws eto.

Fe gafodd y curo effaith y tro hwn. Bron ar unwaith gwelodd Olwen olau gwan yn symud o dan y drws a chlywodd sŵn meddal traed mewn slipers yn nesáu. Clywsant sŵn pâr trwm yn cael ei dynnu ac allwedd rydlyd yn rhincian-dannedd yn y clo. Yna, gan wichian ar ei echel fel creadur mewn poen—agorodd y drws mawr. Gwelsant law yn dal cannwyll, ac yng ngolau fflam honno—wyneb gwyn dynes mewn ffrâm o wallt du.

"Ewch o 'ma ar unwaith cyn y bydda i'n galw ar y cŵn!" meddai'r ddynes yn y drws.

"Rydyn ni wedi dod 'ma i weld Miss Cathrin Huws," meddai Jên Parri.

12

"'Dyw hi ddim am eich gweld chi, 'dyw hi ddim am weld neb, ewch!"

"Ond . . . mae'n ein disgwl ni," meddai Olwen.

"Â'ch celwydd!" meddai'r ddynes gan chwerthin yn wawdlyd. Hoeliodd ei llygaid gloyw ar wyneb Olwen.

"Wel, wel," meddai, "merch ifanc fel ti! 'Does dim ofn arnat ti ddod ffor' hyn dan gysgod nos?"

"Pam?" Roedd llais Olwen yn uchel.

"Pam? Fe gei di weld pam 'y merch i, os nad ei di ar unwaith."

"Cora! Cora! Pwy sy 'na?"

Llais dyn o gefn y tŷ yn rhywle. Gwelodd Olwen ofn ar wyneb gwyn y ddynes yn y drws.

"Cora! Cora!" Roedd y llais wedi dod yn nes.

"Pam ŷch chi'n agor y drws, Cora? Ond rwy'i wedi dweud . . . oes rhywun wedi galw?"

Yna roedd dyn tal, tenau yn sefyll yn y drws.

"Pwy yw'r rhain, Cora? Rŷch chi'n gwbod yn iawn nad yw Miss Huws ddim yn mofyn gweld neb."

"Rydyn ni wedi dod 'ma ar gais Miss Huws. Felly byddwch cystal os gwelwch chi'n dda a rhoi lle i ni ddod mewn." Roedd Jên Parri'n swnio'n ddi-amynedd.

"Pwy ydych chi, madam?" gofynnodd y dyn tenau.

"Jên Parri yw'n enw i," meddai, "a dyma Miss Olwen Huws, yr Hendre, Llanyrafon, Sir Benfro—perthynas i Miss Cathrin Huws. Nawr o'r ffordd os gwelwch chi'n dda, i ni gael gair â Miss Huws."

"Perthynas?"

"Ie. Nawr os byddwch chi cystal." Rhoddodd Jên gam dros y trothwy.

"Na. Dewch nôl fory. Mae'n rhy hwyr nawr i weld Miss Huws. Mae 'i hiechyd hi'n bur wael ar hyn o bryd. Fe gewch chi 'i gweld hi fory."

Roedd y dyn yn swnio'n haerllug a phenderfynol. Ond roedd Jên Parri'n dechrau colli ei thymer.

13

"Os na chawn ni ddod mewn i weld Miss Huws, fe fyddwn ni nôl 'ma cyn pen awr gyda'r Polîs . . ."

"Nawr, nawr, madam, peidwch â siarad dwli 'da chi. Y polîs wir!"

"Rwy'n eich rhybuddio chi!" meddai Jên Parri.

Gwelodd Olwen fod y dyn tenau'n petruso.

"O, wel," meddai, "dewch mewn . . ."

Trodd ei gefn arnynt a cherdded yn ôl ar hyd y coridor o'u blaenau. Dilynodd Olwen a Jên Parri y ddynes a gariai'r gannwyll.

Daethant i mewn i stafell fawr yn llawn o hen gelfi. Llosgai tân coed yn y grât ac roedd lamp olew fawr ynghyn ar fwrdd crwn, cerfiedig. Safai'r dyn tenau â'i gefn at y tân. Roedd e wedi ei wisgo mewn du i gyd ond bod ei goler uchel yn wyn a glân. Roedd e tua thrigain oed, meddyliodd Olwen, a phenderfynodd fod rhywbeth ynghylch ei wyneb nad oedd hi'n ei hoffi.

"Eisteddwch," meddai'r dyn, "fe af i i roi gwybod i Miss Huws eich bod chi yma. Mae'n amheus gen i a fydd hi'n fodlon eich gweld chi heno. Eisteddwch."

Roedd e'n swnio lawer iawn yn fwy moesgar yn awr. Eisteddodd Jên Parri ar un ochr i'r tân ac Olwen ar y llall—mewn dwy gadair esmwyth.

"Beth yw shwd groeso!" meddai Jên yn uchel, gan edrych yn ffyrnig ar Olwen. "Hei!" gwaeddodd ar y ddynes—a oedd ar fin mynd allan drwy'r drws. Safodd honno'n stond gan edrych arni.

"Ydy hi'n bosib cael cwpaned o de neu goffi neu rywbeth yn y lle 'ma . . . y . . . Cora?"

Edrychodd y ddynes yn syn.

"Fe ofynna i i Samiwel . . ." meddai.

"Samiwel?"

"Ie, Samiwel Wilks—Mr Wilks—fe yw'r . . ."

"Bos?" awgrymodd Jên Parri.

"Wel . . ." petrusodd y ddynes yn hir. "Fe af fi i ofyn

14

nawr," meddai wedyn, ac allan â hi cyn i Jên gael cyfle i holi rhagor arni.

"Wel, beth wyt ti'n feddwl am Blas Cwm Tywyll, Olwen?" gofynnodd, ar ôl i'r ddynes fynd.

"Mae e a'r bobol sy'n byw 'ma yn codi dychryn arna i," cyfaddefodd yr eneth.

"Wel—mae 'na rywbeth yn rhyfedd yng nghylch y cyfan—rwyt ti'n iawn fanna. Falle bydd popeth yn iawn pan gawn ni weld yr hen wraig."

Aeth amser heibio heb ddim sôn am y dyn—Wilks—yn dod yn ôl nac am gwpanaid o ddim byd yn cyrraedd.

"Maen nhw'n cymryd 'u hamser, Olwen, on'd ŷn nhw? Fe fuswn i wedi gneud y coffi a'i yfed e erbyn hyn . . ."

"Hist!" meddai Olwen, gan neidio ar ei thraed.

"Pam beth sy? Glywest ti rywbeth?" gofynnodd Jên Parri.

Yna clywodd y ddwy'r sŵn—y sŵn mwyaf oerllyd a glywsant erioed—rhyw hanner sgrech, hanner cŵyn o berfeddion yr hen blas yn rhywle.

Edrychodd y ddwy ar ei gilydd. Roedd hi'n amlwg fod y sŵn wedi cael effaith arnynt. Yn reddfol cydiodd Olwen yn llaw Jên Parri, fel yr arferai wneud pan oedd hi'n eneth fach. Unwaith eto roedd ofn wedi cydio ynddi, fel yr ofn roedd hi wedi'i deimlo yn y tywyllwch tu allan.

Clywsant ddrws yr ystafell yn agor a chydiodd y ddwy yn dynnach yn ei gilydd. Ond y ddynes—Cora—oedd yno. Cariai hambwrdd yn ei llaw a dau gwpan-a-soser ar honno. Edrychodd yn llechwraidd pan sylwodd fod Olwen a Jên Parri'n sefyll yn awr yn ymyl ei gilydd yn dynn, ac nid yn eistedd yn eu cadeiriau wrth y tân.

"Y . . . mae'n ddrwg gen i os bues i'n hir. Ond mae'r lle 'ma dipyn yn hen-ffasiwn . . . does dim trydan ŷch chi'n gweld a . . ."

"Beth oedd y sŵn 'na?" gofynnodd Jên Parri, gan dorri ar ei thraws.

"Sŵn? Pa sŵn?" Sylwodd Olwen fod y llaw a ddaliai'r hambwrdd yn crynu.

"Fe wyddoch chi'n iawn pa sŵn, Cora," meddai Jên Parri, "y sgrech oerllyd 'na."

Y foment honno cerddodd y dyn tal, tenau i mewn drwy'r drws.

"Maen nhw'n gofyn beth oedd y sŵn . . ." meddai Cora, gan edrych yn rhyfedd ar Wilks.

"Sŵn?" meddai hwnnw, gan edrych yn ddiniwed, "'chlywes i ddim un sŵn."

"Sgrech," meddai Olwen, "rhaid eich bod chi wedi clywed."

Gwenodd y dyn tenau. "Yfwch eich coffi, 'ladies'," meddai. "Mae'r hen blas 'ma'n fawr iawn ac mae'r gwynt weithie'n cadw sŵn rhyfedd iawn yn y simneie. Mae'r gwynt wedi codi heno—a falle mai dyna a glywsoch chi—sŵn y gwynt wedi ca'l 'i ddal yn un o simneie'r plas 'ma. 'Fedra i ddim meddwl am unrhyw esboniad arall."

"'Doedd e ddim yn debyg i sŵn gwynt," meddai Jên Parri. Yna gwelodd Wilks yn gwenu eto.

"Wel, madam, fe ddwedwn i 'i bod hi braidd yn gynnar—'dyw hi ddim ond rhyw saith o'r gloch eto—i ysbryd Plas Cwm Tywyll fod yn cerdded. Tua hanner nos y mae e'n arfer aflonyddu arnon ni."

"Ysbryd Plas Cwm Tywyll?" meddai Jên Parri mewn llais isel. Roedd hi wedi clywed llawer o storïau am ysbrydion—canhwyllau corff a thoilïod a phethau felly—gan ei nain pan oedd hi'n eneth fach yn Sir Aberteifi, a byth er hynny roedd hi'n *credu* mewn "ysbrydion".

"Yfwch eich coffi da chi, madam. 'Does dim byd i'w ofni. Yr ydyn ni'n hen gyfarwydd ag e erbyn hyn, a 'does neb 'ma'n cymryd fawr o sylw bellach—pan fydd e'n *cerdded.*"

Gwelodd Olwen fod Jên Parri wedi gwelwi.

"Cerdded?"

"Ie. Y Mynach Du—mae e'n enwog iawn. Mae pobol

16

Llansteffan i gyd yn gwybod amdano fe ac mae 'na lawer wedi'i weld e. Yn amser Harri'r Wythfed—yn ôl yr hanes—fe ddaeth un o'r mynachod o'r Priordy yng Nghaerfyrddin, yma i blas Cwm Tywyll, â rhai o drysorau mwya' drudfawr y Priordy—gyda'r bwriad o'u cuddio nhw rhag iddyn nhw fynd i ddwylo milwyr y brenin, a oedd y pryd hynny'n mynd o gwmpas yr hen fynachlogydd a'r priordai i ddwyn popeth gwerthfawr i lanw coffre'r brenin. Fel roedd hi'n digwydd, beth bynnag, roedd gŵr bonheddig y Plas bryd hynny—yn ddyn drwg iawn, ac roedd ynte'n brin o arian. Wel, mae'r hanes yn dweud iddo fe ladd y mynach a dwyn trysore'r Priordy iddo fe'i hunan. Cyn marw fe dyngodd y mynach lw y bydde fe'n dod nôl i aflonyddu ar bobol Plas Cwm Tywyll am byth wedyn. Ac fe gadwodd at 'i air hefyd. Ers canrifoedd bellach mae e wedi bod yn cerdded o gwmpas y lle 'ma—yn chwilio—medden nhw—am drysorau coll hen Briordy Caerfyrddin . . . ac mae pobol wedi 'i weld e, a mwy na hynny wedi clywed 'i sŵn e'n cwyno'n dorcalonnus yn nyfnder nos obutu'r lle 'ma. Ond, fel y dwedes i 'dyw e ddim yn arfer cerdded mor gynnar â hyn. Felly mae'n rhaid mai sŵn y gwynt glywsoch chi, madam.''

Gwelodd Olwen fod y stori wedi syfrdanu Jên Parri. Roedd ei hwyneb bochgoch wedi mynd yn llwyd ac roedd hi'n anadlu'n gyflym.

Yna roedd Wilks yn siarad eto.

"Mae Miss Huws yn teimlo'n rhy flinedig i'ch gweld chi heno. Ond mae wedi dweud y bydd hi'n dda ganddi eich cwrdd chi bore fory. Felly mae'n estyn croeso i chi aros 'ma yn y Plas heno . . . fe gaiff Cora baratoi eich stafelloedd chi . . .''

"Stafelloedd? Fe gysgwn ni—Olwen a finne—gyda'n gilydd," meddai Jên Parri. Ysgydwodd Wilks ei ben â rhyw hanner gwên ar ei wyneb cul.

"Mae'n ddrwg gen i. Ond dim ond mewn stafelloedd

17

sengl mae gwelye wedi'u crasu. Ŷch chi'n gweld, wydden ni ddim y byddech chi'n cyrraedd, a hynny mor hwyr. Wydden ni ddim chwaith, eich bod chi'n mynd i dreulio'r nos gyda ni. Fe fydd Cora a finne'n paratoi rhywbeth i' fwyta i chi cyn y byddwch chi'n mynd i'ch gwelye.''

Bowiodd yn foesgar i'r ddwy ac aeth allan o'r ystafell. Aeth Cora'n syth ar ei ôl. Ond safodd hi yn y drws cyn mynd allan, fel pe bai ar fin dweud rhywbeth wrth Olwen a Jên Parri. Ond, ar ôl petruso am foment aeth allan heb un gair. Teimlai Olwen yn siŵr, rywsut, ei bod am eu rhybuddio i beidio â threulio'r nos yn y lle hwnnw, ond bod ofn arni ddweud.

"Jên," meddai Olwen ar ôl i'r drws gau, "'dwy'i ddim yn hoffi'r lle 'ma o gwbwl; rwyn cynnig ein bod ni'n mynd nôl i Lansteffan i aros mewn hotel am heno. Fe allwn ni ddod 'ma bore fory.''

Ysgydwodd Jên ei phen. "'Dwy'i inne'n hoffi dim o olwg y lle 'ma chwaith, mae'n rhaid i fi ddweud—na'r bobol sy'n edrych ar 'i ôl e. Ond 'dwy'i ddim yn teimlo fel cerdded dwy filltir trwy'r tywyllwch nôl i bentre Llansteffan heno 'to . . . a falle na chawn ni ddim lle i aros lawr na ar ôl mynd. Rwyn ofni y bydd *rhaid* i ni aros 'ma nawr. 'Does gyda ni ddim dewis hyd y gwela' i.''

"Ond y sgrech 'na . . . mae . . . mae wedi codi dychryn arna' i, Jên. Roedd hi'n swnio mor . . . mor drist . . . fydda' i'n methu cysgu heno . . .''

"A finne hefyd, Olwen. A glywest ti'r hen ddyn main 'na'n ceisio dweud mai'r gwynt oedd yn cadw sŵn yn y simne—gwynt wir!''

"Ond fe ddwedodd hefyd falle mai'r ysbryd—y Mynach Du . . . oeddech chi'n credu'r stori 'ny te, Jên?''

Yng ngwaelod ei chalon yr oedd Jên Parri *yn* credu, ond 'doedd hi ddim yn mynd i gyfaddef hynny rhag codi rhagor o ofn ar Olwen.

"Mae rhyw ddirgelwch mowr o gwmpas Plas Cwm Tywyll

'ma reit i wala," meddai. "Dyna i ti'r llythyr 'na—wedi 'i sgrifennu ar bapur wal. Pam ar bapur wal yn eno'r dyn?"

"Falle mai am fod yr hen Miss Huws yn rhy gybyddlyd i ddefnyddio papur sgrifennu iawn," awgrymodd Olwen.

"Falle. Mae *yn* hen ddynes gybyddlyd yn ôl yr hanes on'd yw hi?"

"Mae eisie bwyd arna' i," meddai Olwen.

Ymhen amser daeth Cora i ddweud wrthynt fod eu stafelloedd yn barod. Dilynodd Olwen a Jên Parri hi i fyny'r grisiau i'r llofft. Ar ôl cyrraedd y landin uwchben arweiniodd Cora hwy ar draws coridor hir nes dyfod at ddrws.

"Un o chi fan hyn," meddai gan agor y drws. Gwelsant wely sengl a bwrdd â channwyll ynghyn arno. "A'r llall draw fan hyn," meddai Cora, gan fynd ymlaen heibio i un drws caeëdig at ddrws arall. Agorodd y drws hwnnw wedyn.

"Pam na chawn ni gysgu mewn stafelloedd nesa at ein gilydd?" gofynnodd Jên Parri, wedi sylwi fod y ddynes wedi mynd heibio i un drws.

"Mae Wilks wedi dweud," meddai'r ddynes, "gofynnwch chi iddo fe."

Yna aeth i ffwrdd a cherdded i lawr y grisiau heb ddweud un gair arall. Aeth Olwen a Jên Parri i mewn i'r ail ystafell. Un debyg iawn i'r llall oedd hi—cannwyll drwchus, gyfan ar y bwrdd wrth ymyl y gwely. Sylwodd Olwen fod y gannwyll yn sefyll mewn canhwyllharn pres gloyw a bod blwch o fatsys arno.

"Fe fynna' i gael gwbod gyda'r dyn Wilks 'na pam na chawn ni gysgu mewn dwy stafell nesa' at 'i gilydd," meddai Jên Parri.

Edrychodd Olwen ar ei hwyneb. Yng ngolau'r gannwyll edrychai'n llwyd a gofidus—ac yn *hen* hefyd, meddyliodd. 'Doedd hi erioed wedi gweld golwg felna ar wyneb Jên Parri o'r blaen.

"O fe fyddwn ni'n iawn fel hyn, Jên," meddai. "Dim ond

un stafell sy rhyngon ni beth bynnag."

Taflodd ei bag-llaw ar y gwely. Yn hwnnw roedd ei gŵn nos, ei phwrs a mân bethau eraill, yn cynnwys torts fechan.

"Eisteddwch, Jên," meddai Olwen, "rŷch chi'n edrych yn flinedig."

"Na, rwyn iawn," atebodd Jên Parri, ond eisteddodd ar y gadair yn ymyl y gwely serch hynny.

Agorodd Olwen ei bag-llaw a thynnu allan ei gŵn nos binc a'i roi ar y gobennydd. Yna'r dorts. Gwthiodd honno o dan y gobennydd. Yna aeth at y wardrob fawr a safai yn erbyn y wal gyferbyn â'r gwely. Agorodd ddrws honno a hongian ei chot ar fachyn y tu mewn.

"Mae'n od heb drydan on'd yw hi?" meddai, gan droi nôl at Jên Parri. "Meddyliwch wir—dim trydan yn y lle mowr 'ma! Rhaid fod yr hen wraig yn gybyddlyd iawn."

"Os yw hi'n defnyddio papur wal fel papur sgrifennu, Olwen, 'dyw hi yn syndod yn y byd 'i bod hi'n defnyddio canhwylle yn lle trydan."

Ceisiodd Jên Parri wenu wrth ddweud hyn, ond gwên fach go wan oedd hi.

Ymhen tipyn canodd cloch i lawr y grisiau.

"Bwyd!" meddai Olwen.

Pan aeth y ddwy i lawr y grisiau roedd Wilks yn eu disgwyl. Aeth â hwy i stafell fawr lle roedd bwrdd hir a thri canhwyllbren dwbwl, a dwy gannwyll ynghyn ym mhob un, yn ei oleuo—a dau le wedi eu gosod i'r ddwy ymwelydd.

Edrychai'r llestri yn rhai costus ac roedd y cyllyll a'r ffyrc o arian.

"Eisteddwch os gwelwch chi'n dda," meddai'r dyn tenau gan fowio a gwenu. Mae e'n edrych yn debyg i'r Diafol ei hunan pan fydd e'n gwenu, meddyliodd Olwen.

Er fod y bwrdd yn edrych yn urddasol a'r llestri'n ddrudfawr, gwelsant mai cig oer a bara-menyn (hwnnw wedi ei dorri'n dafelli trwchus)—oedd yr unig fwyd oedd yn eu haros.

"Bwytewch a byddwch lawen," meddai Wilks gan ddal i wenu.

'Bwytewch a byddwch lawen!' meddyliodd Olwen wrthi 'i hunan, 'beth sy'n dilyn? Bwytewch a byddwch lawen *canys yfory y byddwch farw!*' Ie, dyna fe, neu rywbeth tebyg beth bynnag. A oedd y dyn tenau wedi dweud hynna er mwyn 'u bygwth nhw, neu 'u dychryn nhw?

"Mi af i mofyn y coffi," meddai Wilks, ac aeth allan.

"Bwytewch a byddwch lawen, myn hyfryd i!" meddai Jên Parri, "Beth sy gyda ni i fod yn llawen yn 'i gylch e yn y lle 'ma, dwed?"

Er mai dim ond cig oer a bara menyn oedd o'u blaen, fe fwytaodd y ddwy'n awchus. Daeth Wilks yn ôl ymhen tipyn â'r coffi. Arllwysodd gwpanaid i bob un yn ddigon moesgar. Yna safodd o'r neilltu i'w gwylio'n bwyta. Yfodd Jên Parri ei choffi. Roedd e'n gryf ac yn chwerw, yn union fel roedd hi'n ei hoffi. Hym, meddyliodd, mae'r dyn 'ma'n gwbod sut i neud cwpaned o goffi da beth bynnag. Ond pan brofodd Olwen ei choffi roedd e'n rhy chwerw at ei chwaeth.

"Oes 'na gwpaned arall o goffi, Mr Wilks?" gofynnodd Jên.

"Wrth gwrs, madam," a daeth at y bwrdd ar unwaith ac arllwys cwpanaid arall iddi.

"A sut mae Miss Huws?" gofynnodd Jên.

"O, yn dda iawn ag ystyried 'i hoed hi, madam. Wrth gwrs, mae'n gaeth i'r gwely ers wythnose bellach, ond mae'n cael pob gofal ac mae'n dal yn hapus ac yn fywiog 'i meddwl."

Yn hapus yn y tŷ 'ma ar ôl bod yn gaeth i'r gwely am wythnosau! Choelia i fawr! meddai Jên Parri wrthi'i hunan.

"Rhagor o goffi i chi, Miss?" meddai'r dyn tenau.

"Y . . . na dim diolch," meddai Olwen.

"Dewch, dewch! Mae hwn yn goffi arbennig iawn. Hwn fydda' i'n neud i Miss Huws."

"Y . . . na . . ."

21

Ond er nad oedd ei chwpan ond hanner gwag fe arllwysodd Wilks ragor iddo.

Yna aeth i ffwrdd a'u gadael.

Bu'r ddwy'n loetran yn hir uwch eu swper gan nad oeddynt am fynd i'r gwely'n rhy gynnar, ond ymhen hir a hwyr aethant i fyny'r grisiau ac i ystafell wely Jên Parri. Bu'r ddwy yn sgwrsio fan'ny wedyn am dipyn bach, ond yn fuan iawn dechreuodd Olwen deimlo'n gysglyd dros ben. Sylwodd hefyd fod Jên Parri'n cael gwaith cadw ei llygaid ar agor. Dyna beth rhyfedd meddyliodd, roedd hi'n rhy gynnar i fynd i'r gwely . . . ond roedd cwsg bron â'i llethu.

"Wel, rwyn credu'r a' i i'r gwely, Jên . . . rwy'i wedi blino'n ofnadw . . ."

"A finne hefyd . . . 'dwy'i ddim wedi teimlo mor gysglyd erioed . . . A!"

Cododd ei llaw at ei cheg.

"Nos da te," meddai Olwen. Gwelodd fod Jên Parri wedi dechre tynnu ei dillad oddi amdani.

Erbyn iddi gyrraedd ei stafell wely ei hunan roedd Olwen yn teimlo rhyw syrthni melys yn dod drosti. Roedd e'n deimlad digon hyfryd, ond yng nghefn ei meddwl roedd rhyw anesmwythyd—rhyw nerf yn ei rhybuddio fod rhywbeth o le. Tynnodd ei dillad a llithro i mewn i'w gŵn nos pinc. Yna roedd hi yn y gwely â'i phen ar y gobennydd esmwyth. Cyn pen winc roedd hi'n cysgu.

Dihunodd yn sydyn. Edrychodd o'i chwmpas yn wyllt. Ble roedd hi? Gwelodd y gannwyll ar y bwrdd. Roedd hi wedi anghofio ei diffodd cyn mynd i gysgu. Erbyn hyn roedd hi wedi llosgi bron i'r gwaelod. Cofiodd wedyn, a theimlodd ofn yn ei cherdded. Edrychodd ar ei wats. Pum munud i ddeuddeg! 'Doedd hi ddim wedi bod yn cysgu mwy na rhyw ddwy awr a hanner! Beth oedd wedi ei deffro? Cofiodd am y breuddwyd dychrynllyd a gawsai. Roedd hi wedi gweld y Mynach Du yn rhedeg ar draws rhyw draeth unig a'i gwfl du yn hofran yn y gwynt nes gwneud iddo edrych fel rhyw aderyn mawr, cloff. Roedd milwr tal, main a chleddyf noeth yn ei law wedi rhedeg ar draws y traeth ar ei ôl a'i ddal. Roedd hi wedi gweld y mynach yn cwympo ar y tywod a'r milwr tal yn ei frathu ac yna'n diflannu i mewn i ogof dywyll yn y graig. Yn ei breuddwyd roedd hi wedi mynd yn nes at y mynach a orweddai'n llonydd ar y tywod. Gorweddai ar ei wyneb a'i freichiau ar led ac roedd y tywod yn goch gan waed. Yn llaw'r mynach roedd darn o bapur. Cydiodd yn y darn papur ac edrych arno. Darn o bapur wal ydoedd, a phatrwm fioledau drosto i gyd. Yna roedd hi wedi dihuno.

Ceisiodd Olwen glustfeinio am unrhyw sŵn ond roedd pobman yn dawel. Roedd ganddi gur ofnadwy yn ei phen a phan gododd ei llaw at ei thalcen teimlodd chwys llaith arno. Yna diffoddodd y gannwyll gan ei gadael yn sydyn yn y tywyllwch. Bu bron â rhoi sgrech, ond gwthiodd ei dwrn i'w cheg i rwystro unrhyw sŵn. Tynnodd ddillad y gwely dros ei phen a bu'n gorwedd fan honno am dipyn yn crynu gan ddychryn.

Clywodd sŵn cloc yn taro, rywle i lawr y grisiau . . . a gwyddai ei bod yn hanner nos.

Distawodd sŵn y cloc a cheisiodd Olwen ymdawelu a mynd yn ôl i gysgu. Neidiodd ar ei heistedd yn y tywyllwch pan glywodd sŵn traed yn dod ar hyd y coridor. Sŵn *llusgo* traed ydoedd ac nid sŵn camau sicr. Llamodd ei chalon i dwll ei gwddf pan ddistawodd y sŵn yn union tu allan i ddrws ei hystafell. Yna roedd rhywun yn troi bwlyn y drws. O! pam na fuasai hi wedi ei gloi neu ei fario cyn mynd i'r gwely? Clywodd y drws yn agor gan bwyll bach. Gwthiodd ei llaw o dan y gobennydd a theimlodd fetel crwn y dorts fach yn ei llaw. Fe geisiodd weiddi ond rywsut 'fedrai hi ddim. Yn awr gwyddai fod rhywun neu rywbeth yn y stafell gyda hi!

Gwasgodd fotwm y dorts. Am foment yn unig gwelodd yn glir y peth oedd yn sefyll yn ymyl ei gwely. Hwdwg du, hyll mewn gwisg mynach! Rhyw ffurf tywyll tebyg i ystlum mawr

23

â'i grafangau ar led. Gwelodd gwcwll du am y pen a thu mewn i hwnnw—na nid pen—ond *penglog!* Gwelodd y socedi gweigion lle bu llygaid, a'r dannedd noeth, heb wefusau drostynt, yn ysgyrnygu arni. Dim ond am foment y gwelodd hi hyn oll, yna roedd y dorts wedi syrthio o'i llaw a diffodd. Clywodd lais crynedig, arall-fydol yn dweud, "Dialedd ar bawb sy'n trigo yn y lle hwn!"

Claddodd Olwen ei phen yn y gobennydd a gorweddodd yno i ddisgwyl ei diwedd. Ond wedyn clywodd sŵn traed yn llusgo tua'r drws, yna'r drws yn cau a'r traed yn mynd—yn *llusgo-mynd* ar hyd y coridor ac yna'n distewi. Teimlodd yn nillad y gwely am y dorts fach ond bu'n hir cyn dod o hyd iddi. Dechreuodd grïo'n ddistaw wrthi ei hun. Yna teimlodd y dorts ym mhlygiad dillad y gwely a gafaelodd ynddi'n ddiolchgar.

Gwasgodd y botwm eto. Neidiodd golau i'r ystafell ar unwaith. Cyfeiriodd belydr y golau i bob congl o'r ystafell. Roedd hi'n wag yn awr heb arwydd o ddim byd dychrynllyd yn unman.

Er ei bod yn dal i grynu gan ofn a dychryn gwyddai yn awr beth oedd yn rhaid iddi ei wneud nesa. Roedd rhaid iddi fynd i stafell Jên Parri i weld a oedd honno'n iawn.

Â'r dorts ynghyn yn ei llaw aeth yn ofnus at y drws. Trodd y bwlyn a'i agor y mymryn lleiaf—dim ond digon iddi allu edrych allan i'r coridor. Roedd lamp fechan ynghyn ar y landin ym mhen draw'r coridor ac roedd ei golau gwan yn ddigon iddi weld nad oedd neb o gwmpas. Aeth allan i'r coridor gan dynnu'r drws ar ei hôl. Edrychodd i fyny ac i lawr. Neb yn y golwg. Llithrodd yn gyflym at ddrws stafell wely Jên Parri. Trodd y bwlyn a cherdded i mewn.

Roedd stafell Jên Parri'n dywyll ac yng ngolau'r dorts gwelodd Olwen fod honno wedi diffodd y gannwyll cyn mynd i gysgu, oherwydd roedd hi bron yn gannwyll gyfan o hyd. Roedd Jên Parri yn y gwely yn cysgu'n drwm â'i cheg ychydig bach ar agor. Roedd hi'n gorwedd ar ei chefn ac yn chwyrnu'n ysgafn.

"Jên! Jên! Dihunwch!" Dechreuodd Olwen ei hysgwyd. Ond dal i gysgu roedd hi o hyd.

"Jên! Dihunwch w! Rwy'i wedi gweld yr ysbryd!" Cyffrôdd Jên Parri ychydig yn ei chwsg ond ni ddihunodd. Yna cofiodd Olwen am y coffi roedden nhw wedi'i yfed y noson gynt! 'Doedd hi ddim wedi yfed ond rhyw hanner cwpanaid, ond roedd Jên wedi yfed dau. Ai dyna pam roedd hi'n cysgu mor drwm yn awr fel nad oedd modd ei deffro? Eisteddodd Olwen ar y gwely a dechrau meddwl. Beth oedd dirgelwch Plas Cwm Tywyll? Pam roedd y dyn a'r ddynes 'na mor awyddus i gadw pobl draw o'r lle? Ai yr hen Miss Huws oedd yn dymuno iddyn nhw wneud hynny? Os mai Miss Huws oedd am gadw pobl draw o'r Plas, pam roedd hi wedi anfon llythyr i'w thad, a oedd wedi ei ladd yn y rhyfel bum mlynedd ynghynt—a hwnnw wedi ei sgrifennu ar bapur wal?

Roedd Miss Huws yn gaeth i'r gwely, felly nid hi oedd wedi drygio'r coffi. Ond a oedd hi'n siŵr fod y coffi wedi 'i ddrygio? Edrychodd eto ar Jên Parri, ac fe wyddai ei bod hi'n iawn.

A'r ysbryd. Roedd ysbryd yn rhywbeth da dros ben i gadw pobol fusneslyd draw, meddyliodd. Yn sydyn fe deimlodd yn ddewrach, a dechreuodd synnu ati ei hun. Bum munud yn ôl roedd hi'n wan fel brwynen gan ofn a dychryn. Ond yn awr roedd hi'n gallu meddwl yn glir a phwyso a mesur pethau yn bwyllog ac yn gall. Gwnaeth un ymdrech arall i ddeffro Jên Parri, ond yn ofer. Yna cydiodd yn y gannwyll oddi ar y bwrdd a mynd yn ôl i'w stafell ei hunan. Yr oedd allwedd a phâr i'r drws ac wedi troi'r allwedd a tharo'r pâr i'w le fe gynheuodd y gannwyll a mynd i'r gwely.

Bu'n gorwedd ar ddihun am amser maith yn meddwl am lawer o bethau. Yna, yn ddiarwybod iddi ei hun, syrthiodd i gysgu.

Dihunwyd hi gan guro trwm ar ddrws ei stafell wely. Neidiodd o'r gwely a mynd i'w agor. Safai Jên Parri yn y drws, yn ei gŵn nos wen.

"Dewch mewn," meddai Olwen.

"Wel? Gysgest ti'n iawn, Olwen?" gofynnodd. Nid atebodd yr eneth ar unwaith. Roedd hi ar fin adrodd holl hanes ymweliad yr ysbryd â'i hystafell wely yn nyfnder nos, ond meddyliodd yn sydyn mai gwell fyddai peidio â dweud dim am y tro.

"Wel?" gofynnodd Jên.

"Do'n iawn," meddai Olwen, "A chithe, Jên?"

"Wel, yn rhyfedd iawn—do. 'Down i ddim wedi meddwl cysgu winc yn yr hen dŷ 'ma, ond fe gysges drwy'r nos—yn sownd. Rhaid 'mod i wedi blino mwy nag own i'n feddwl neithiwr. Ond, cofia, mae gen i dipyn o ben tost y bore 'ma."

"O? Wel fe ofynnwn ni i Cora am aspirin neu rywbeth pan awn ni lawr. Gobeithio fod tipyn o facwn a ŵy i frecwast gyda hi i ni."

Gwenodd Jên Parri. Yn dawel bach roedd hi'n falch iawn o weld bod Olwen yn iawn ac wedi cysgu'n dda fel hithau.

"Fe af fi i wisgo 'te," meddai.

Ar ôl iddi fynd fe aeth Olwen hefyd ati i wisgo amdani. Gan na wyddai hi ble roedd y bathrwm—os oedd un o gwbwl—fe fodlonodd am y tro ar gribo'i gwallt yn unig. Yna aeth ar hyd y darn coridor i stafell Jên Parri. Cafodd honno wedi gwisgo ac yn eistedd ar y gwely. Roedd golwg ryfedd arni—fel pe bai wedi cael sioc. Neu wedi gweld ysbryd, meddyliodd Olwen.

"Jên! Be' sy'n bod?"

"Y? O, dim 'y ngeneth i, dim."

"Jên!" meddai Olwen, "mae rhywbeth yn bod."

"Wel . . . 'dwy'i ddim am ddweud wrthot ti . . . 'dwy'i ddim am godi ofn arnat ti."

"Oes rhywbeth wedi digwydd oddi ar gynne?"

26

"Wel . . ."

"Ydych chi wedi gweld, neu glywed rhywbeth?"

"Wel . . . os oes rhaid i ti gael gwybod . . . mae rhywun wedi bod mewn yn y stafell 'ma neithwr."

"O?"

"Do. Wyt ti ddim yn gweld? Fe allwn fod wedi ca'l 'yn lladd yn rhwydd."

"Shwd ŷch chi'n gwbod fod rhywun wedi bod mewn 'ma?"

"Mae'r gannwyll oedd ar y ford fanna wedi mynd."

Gwelodd Jên Parri fod Olwen yn gwenu.

"Ti fuodd?" gofynnodd.

"Ie."

"Ond . . .?"

"Fe adewes i i 'nghannwyll i losgi'n ddim, ac fe ddihunes ganol nos a dod draw i'r stafell 'ma . . . roedd ofan y tywyllwch arna i. Roeddech chi'n cysgu'n drwm a 'down i ddim am eich dihuno chi. Fe es i â'r gannwyll . . ."

"O diolch byth! Ond fe ddwedest ti dy fod ti wedi cysgu . . .?"

"Do ar ôl mynd nôl i'r gwely wedyn."

Ysgydwodd Jên Parri ei phen yn ddryslyd.

"Gad i ni fynd lawr i weld sut groeso gawn ni heddi," meddai.

Aethant i lawr ac i mewn i'r stafell lle roedden nhw wedi cael pryd o fwyd y noson gynt. Nid oedd neb o gwmpas ond sylwodd Jên Parri fod llinyn cloch yn ymyl y lle tân. Mentrodd ei dynnu a chlywodd y ddwy ohonynt gloch yn canu yn rhywle. Cyn bo hir daeth Cora i mewn. Roedd golwg aflêr iawn arni a rhyw gadach heb fod yn rhy lân wedi ei glymu am ei phen.

"Rown i wedi clywed eich sŵn chi'n dod lawr," meddai, "fe af fi i neud brecwast i chi." Edrychai braidd yn rhyfedd o un i'r llall fel pe bai'n synnu fod y ddwy yno o gwbwl.

"Ble mae Mr Wilks y bore 'ma?" gofynnodd Olwen. Nid

27

atebodd y ddynes. Yn lle hynny trodd ar ei sawdl a mynd allan i'r gegin.

Pan ddaeth brecwast, dau ŵy wedi eu berwi'n galed oedd gan Cora ar eu cyfer, a thipyn o dost wedi bod yn rhy agos at y tân. Yna daeth â llond tebot pridd o de i'r bwrdd. Fe fu Olwen yn petruso tipyn a oedd hi'n mynd i yfed dim o hwnnw, wrth gofio'r hyn oedd wedi digwydd ar ôl yfed y coffi'r noson gynt. Ond wedi pwyso a mesur pethau yn ei meddwl, fe arllwysodd gwpanaid i Jên Parri a hithau.

Gorffennodd Olwen ei brecwast o flaen Jên, ac aeth i edrych allan drwy ffenest fawr yr ystafell ginio. Roedd hi'n fore cymylog, llwyd. Gwelodd garped trwchus o ddail crin yr hydref ar lawr ymhob man; a draw ymhell—y traeth a'r môr. Roedd e'n draeth eang, gwastad—fel hwnnw a welsai yn ei breuddwyd y noson gynt, meddyliodd,—ac aeth ias newydd o ofn trwyddi.

"Pryd cawn ni weld Miss Huws?" gofynnodd Jên Parri, pan ddaeth Cora i glirio'r llestri brecwast.

"Pan fydd Mr Wilks yn dweud," meddai honno.

Yn fuan wedyn fe ddaeth y gŵr hwnnw i'r golwg—yn ei siwt ddu a'i goler gwyn fel eira.

"A! Bore da, 'ladies'! Rwyn gobeithio i chi gysgu'n iawn neithwr?"

"Do, diolch," atebodd Jên Parri, ond roedd llygaid oeraidd y dyn tenau ar Olwen, ac ni ddywedodd honno ddim.

"Wel, mae'n dda gen i ddweud fod Miss Huws yn teimlo'n dda iawn y bore 'ma, ac mae'n awyddus i'ch gweld chi pan fyddwch chi'n barod," meddai Wilks.

"Rŷn ni'n barod nawr," atebodd Jên, "gore i gyd po gynta."

"Da iawn. Un peth cyn i ni fynd ati—rwy'i am eich rhybuddio chi 'i bod hi'n bur wanllyd ac yn tueddu i flino'n fuan iawn. Felly, fe fydda' i'n ddiolchgar pe baech chi ddim yn aros mwy na rhyw chwarter awr gyda hi."

"Arhoswn ni ddim yn rhy hir Mr Wilks," meddai Jên Parri'n sychlyd. "Ewch â ni ati, os gwelwch chi'n dda."

"Dilynwch chi fi, 'ladies'." A chan fowio cychwynnodd y ffordd i fyny'r grisiau, i'r landin ac ymlaen wedyn ar hyd hwnnw i'w ben eitha'. Yna safodd o flaen drws a churo arno. Ar ôl aros moment, agorodd y drws a cherdded i mewn.

"Y ddwy foneddiges o Sir Benfro i'ch gweld chi, madam," meddai.

Gwelodd Olwen a Jên Parri eu bod mewn stafell wely grand iawn. Mewn hen wely ffôr-poster mawr gorweddai hen wraig fach â chap nos gwyn am ei phen. Edrychai'n debyg—meddyliodd Olwen ar unwaith—i lun mamgu Hugan Goch Fach a welsai mewn llyfr pan oedd hi'n blentyn. Daeth y llun hwnnw'n fyw i'w chof—yr hen wraig â'r cap nos yn y gwely a'r blaidd yn dod i mewn. Bron na allai Wilks wneud y tro yn lle'r blaidd hefyd, meddyliodd!

"Croeso i chi," meddai'r hen wraig mewn llais crynedig, "mae'n ddrwg gen i na allwn i'ch gweld chi neithwr, ond rown i'n teimlo dipyn yn flinedig . . . mae hen bobol fel fi'n blino'n fuan iawn wyddoch chi."

Gwenodd yn fwyn ar y ddwy, a oedd erbyn hyn wedi dod at ymyl ei gwely. Sylwodd Olwen fod bochau'r hen wraig yn goch gan 'rouge'—fel oedd yn ffasiynol yn yr hen amser.

"Wel nawr," meddai'r hen wraig, "gobeithio fod Mr. Wilks fan hyn wedi bod yn gofalu'n dda amdanoch chi? Mae e wedi bod yn gofalu'n dda amdana' i ers llawer blwyddyn bellach, chware teg iddo. Wn i ddim beth fu'swn i wedi wneud hebddo fe, wir i chi. Samiwel, rhowch bobo gadair iddyn nhw yn ymyl y gwely fan hyn newch chi?"

"Wrth gwrs, madam."

Ar unwaith roedd e wedi tynnu dwy gadair at ymyl y gwely.

"Nawr-te, pwy ydych chi?" gofynnodd yr hen wraig.

"Olwen Huws ydw i," meddai Olwen, "rwy'i'n perthyn i chi—merch Capten Richard Huws."

"A! A sut mae Richard?"

"Fe gafodd 'i ladd yn y Rhyfel bum mlynedd yn ôl," meddai Olwen. Edrychodd yr hen wraig ar Wilks.

"Wel—y—pam na fuase rhywun wedi dweud . . . wedi rhoi gwbod i fi, Samiwel?"

"Y . . . fe gollwyd cynifer o'n bechgyn ni yn y rhyfel, madam—a wyddwn i ddim . . ."

"Wrth gwrs, wyddech chi ddim fod yna berthynas, chware teg. A phwy yw hon sy gyda chi, Olwen?"

"Miss Jên Parri—hen nyrs i fi—sy wedi bod gyda ni ers—wel, cyn i fi gael 'y ngeni."

"Mae'n dda gen i'ch cwrdd chi, Miss Parri. Rwyn ddiolchgar i chi'ch dwy am ddod i ngweld i."

"Wel," meddai Olwen, "roedden ni'n meddwl fod rhaid i ni ddod ar ôl ca'l eich llythyr chi."

"Llythyr?" Unwaith eto edrychodd yr hen wraig yn ffwndrus ar Wilks.

"Llythyr, Samiwel . . . 'does gen i ddim cof . . ."

"Na finne chwaith, madam. Mae'n rhaid fod 'na ryw gamgymeriad."

"Y llythyr wedi'i sgrifennu ar bapur wal, yn gofyn i ni ddod ar unwaith," meddai Olwen wedyn.

"Llythyr wedi'i sgrifennu ar bapur wal? 'Chlywes i erioed shwd beth!"

Roedd yr hen wraig yn chwerthin yn awr.

"Pan ddaeth y llythyr roedden ni'n meddwl eich bod chi mewn rhyw berygl neu'n wael—eisie help," meddai Olwen.

"Eisie help? Na wir i chi—tra bydd Samiwel Wilks a Cora gyda fi, fydd dim eisie help neb arna' i."

"Os cawsoch chi lythyr o gwbwl, Miss," ebe Wilks wrth Olwen, "mae'n rhaid mai rhywun oedd yn chware jôc â chi. Rhyw 'hoax' oedd y peth mae'n debyg. Mae'r ffaith fod y llythyr wedi'i sgrifennu ar bapur wal, yn profi'r peth ond yw e? Fydde Miss Huws byth yn sgrifennu ar bapur wal!"

Chwarddodd yr hen wraig a'r dyn tenau am ben y jôc.

"Miss Huws," meddai Olwen ymhen tipyn, "oes modd i ni gael gair preifat â chi?"

"Gair preifat? 'Dwy'i ddim yn deall?" Edrychodd ar Wilks. "Beth mae hi'n feddwl, Samiwel?"

"Mae am i fi fynd allan o'r stafell, rwyn meddwl, madam."

"'Does dim angen o gwbwl. Os oes gyda chi rywbeth i' ddweud, dwedwch e yng nghlyw Mr. Wilks neu peidiwch â'i ddweud e o gwbwl." Roedd hi'n amlwg fod yr hen wraig wedi digio wrth Olwen am awgrymu fod Wilks yn mynd allan.

"Wel?" meddai wedyn, â'i llygaid yn fflachio, "oes rhywbeth gyda chi i ddweud wrthon ni, neu nagoes e?"

Fe geisiodd Olwen ddweud rhywbeth ond gwrthododd y geiriau ddod.

"Samiwel," meddai'r hen wraig wedyn, "'dwy'i ddim am siarad rhagor nawr, rwy wedi blino. Diolch yn fawr i chi'ch dwy am ddod i 'ngweld i. Rwyn deall nawr pam rŷch chi wedi dod—am eich bod chi wedi derbyn rhyw lythyr—'hoax'—fel y dywedodd Samiwel. Wel, fel rŷch chi'n gweld, 'dwy'i ddim mewn perygl nac eisie help. 'Dyw'n iechyd i ddim yn dda, ond rwyn hen wraig, a does dim disgwl i fi fod yn gallu rhedeg o gwmpas—fel Olwen 'ma. Samiwel, gofalwch 'u bod nhw'n ca'l disied o de neu goffi neu rywbeth cyn y byddan nhw'n mynd."

Yna, gan droi at y ddwy ddynes dywedodd, "Ac os cewch chi ragor o'r llythyre 'na—wedi'u sgrifennu ar bapur wal, peidiwch â chymryd dim sylw ohonyn nhw, newch chi?"

Cododd Jên Parri o'i chadair a gwnaeth Olwen yr un fath. Yr oedd hi'n amlwg ddigon fod yr hen wraig am iddyn nhw fynd. Yn fwy na hynny roedd ei geiriau olaf wedi awgrymu'n glir nad oedd hi ddim am 'u gweld nhw eto.

"Ond . . ." dechreuodd Olwen.

"Dewch nawr, Miss," meddai Wilks, "mae Miss Huws wedi dweud 'i bod hi wedi blino."

Yna roedd y dyn tenau'n eu tywys allan o'r ystafell ac i lawr y grisiau unwaith eto.

Ar ôl cyrraedd y llawr trodd Wilks atynt a dweud, "Fel y gwelwch chi mae Miss Huws yn cael pob gofal 'ma, a 'does dim achos i chi ofidio amdani. Mae'n ddrwg gen i fod rhywun wedi chware tric, a'ch tynnu chi lawr ffor' hyn ar siwrne ofer. Nawr os carech chi gwpaned o rywbeth cyn cychwyn mae croeso i chi. Ond mae 'na drên yn mynd am Gaerfyrddin am hanner awr wedi deg, ac os brysiwch chi fe ddaliwch hwnnw'n ddigon hawdd. Rwyn deall mai am un o'r gloch prynhawn 'ma y bydd y trên nesa wedyn."

"Fe awn ni i geisio dala'r trên hanner awr wedi deg 'na, Mr Wilks, rwyn meddwl," meddai Jên Parri, a oedd yn teimlo'n awyddus iawn i adael Plas Cwm Tywyll erbyn hyn.

"O'r gore, Miss Parri. Fydd 'na ddim amser i fi neud coffi i chi wedyn rwyn ofni . . ."

"Na, 'does dim angen," atebodd Jên.

"Piti hefyd, Mr Wilks," meddai Olwen, "waeth rŷch chi'n gallu gneud coffi arbennig iawn."

Am foment bu'r ferch ifanc a'r dyn tenau'n edrych i fyw llygaid ei gilydd.

"Gwell i ni frysio 'te, Olwen," meddai Jên Parri, gan fynd am y grisiau unwaith eto.

*   *   *   *

Pan ddaeth y ddwy i lawr o'r llofft a'u cotiau a'u bagiau llaw gyda nhw, roedd Wilks yn disgwyl amdanynt.

"Mi af fi â chi yn y car, wrth gwrs," meddai.

Roedd Olwen yn synnu braidd fod dynes mor hen-ffasiwn â Miss Cathrin Huws yn cadw car. Ond 'doedd hi ddim yn synnu pan welodd hi'r car. Hen Humber mawr hen-ffasiwn, a fyddai'n debyg o werthu'n dda rhyw ddiwrnod fel 'antique'. Ond er ei fod yn hen roedd y car yn loyw fel swllt. Cyraeddasant y stesion ddeng munud cyn i'r trên gyrraedd. Gollyngodd Wilks y ddwy i lawr yn union wrth y porth. Yna daeth y ddwy i mofyn eu tocynnau cyn mynd i mewn i'r 'Waiting Room'.

Ar ôl bod yn y 'Waiting Room' gwag am ryw bum munud, digwyddodd Olwen edrych allan drwy'r ffenest. Roedd Wilks a'r hen gar yno o hyd.

"Mae e'n aros nes bydd y trên wedi mynd â ni'n ddigon pell, Jên," meddai.

"Fydda i'n ddigon balch i fynd o'r lle 'ma, Olwen. A gore i gyd po bella', ddweda i."

"Jên," meddai Olwen, "rhaid i ni beidio mynd!"

"Peidio mynd Olwen! Beth wyt ti'n feddwl? Ond mae'r trên ar fin cyrraedd w!"

"Rhaid i ni beidio mynd gydag e."

Edrychodd Jên Parri'n syn ar Olwen. "Wyt ti wedi drysu neu beth?"

"Nadw, Jên. 'Dwy'i ddim wedi dweud y cwbwl wrthoch chi."

Yna dechreuodd adrodd yn gyflym am yr hyn oedd wedi digwydd y noson gynt—fel roedd y coffi wedi cael ei ddrygio ac fel roedd hi wedi dihuno am nad oedd hi ddim wedi yfed ond hanner cwpanaid tra'r oedd Jên Parri wedi cysgu drwy'r nos ar ôl yfed dau. Yna daeth at hanes ymweliad yr ysbryd â'i hystafell hi.

"Wel 'y mhlentyn annwl i!" meddai Jên Parri, "a finne'n cysgu drwy'r cwbwl! O!"

"Roeddech chi'n cysgu am fod Wilks wedi gofalu y byddech chi'n cysgu, Jên—dŷch chi ddim yn gweld?"

"Yr hen ddyn!" meddai Jên Parri'n ffyrnig. "Mae digon o chwant arna i fynd mas ato fe nawr i roi gwbod 'i seis iddo fe!"

"Na, mae'n rhaid i ni fod yn fwy cyfrwys na hynna."

"Beth wyt ti am neud?"

"Rhaid i ni esgus mynd ar y trên."

"Esgus mynd ar y trên! Sut gallwn ni neud hynny?"

"Rhaid i ni fynd mewn trwy un drws yr ochor 'ma i'r lein a mynd mas, heb yn wbod i neb, yr ochr arall. Os gallwn ni neud hynny heb gael ein gweld, yna fe fydd Wilks yn credu 'i fod e wedi ca'l gwared ohonon ni am byth."

"Ond beth allwn ni neud?"

"Mynd nôl, Jên Parri . . ."

"I Blas Cwm Tywyll!"

"I gadw llygad ar y lle—heb gael ein gweld os gallwn ni."

Ysgydwodd Jên Parri ei phen.

"Olwen," meddai, "mae dy fam wedi'n hala i gyda ti er mwyn i fi edrych ar dy ôl di—rhag ofn y bydde rhywbeth yn digwydd i ti. Nawr . . ."

"Mae'r trên yn dod, Jên Parri!"

Digwyddodd pethau wedyn yn rhy gyflym i Jên Parri gael cyfle i brotestio rhyw lawer. Safodd y trên gyda chlindarddach olwynion. Erbyn hynny roedd y ddwy'n sefyll ar y platffform. Gwelodd Olwen trwy gil ei llygad fod Wilks wedi dod allan o'r car a phwyso ar ffens yr orsaf. Agorodd un o ddrysau'r trên yn union gyferbyn ag Olwen a Jên Parri, a daeth dyn allan. Tynnodd Olwen Jên ar ei hôl i mewn trwy'r drws hwnnw. Eisteddodd y ddwy ar sedd am dipyn bach. Yna pan oedd y trên ar fin cychwyn gwaeddodd Olwen,

"Dewch Jên!"

Dilynodd Jên Parri'r eneth dipyn yn groes i'r graen. Cyn pen winc roedden nhw wedi mynd allan trwy'r drws i'r platffform yr ochr arall. Ni allai Wilks eu gweld yn awr gan fod y trên rhyngddo â hwy, ond gwyddai Olwen y byddent yn y golwg cyn gynted ag y byddai'r trên yn symud. Gwelodd y 'bocs' arwyddion yn ymyl a thynnodd Jên Parri ar ei hôl. Yr oedd y trên wedi dechrau symud pan gyrhaeddodd y ddwy tu ôl i wal y 'signal-box'.

34

Heibio i gornel y wal gallai Olwen weld Wilks yn pwyso ar y ffens yn gwylio'r trên yn diflannu yn y pellter. Meddyliodd iddi weld gwên ar ei wyneb wrth iddo droi ymaith a mynd yn ôl i'r Humber. Yna gwelodd y car mawr yn symud ymaith.

Y peth cyntaf a wnaeth y ddwy ar ôl dod allan o'r orsaf i'r pentre oedd mynd i westy'r 'Station Hotel' i gael pryd o fwyd. Bu rhaid iddynt aros yn go hir am eu pryd bwyd serch hynny, a chawsant amser i drafod holl ddirgelion Plas Cwm Tywyll tra'r oeddynt yn disgwyl. Hefyd cawsant amser i fynd i'r llofft yn y gwesty i ymolchi a thrwsio tipyn.

"Wyt ti ddim yn meddwl y dylen ni fynd i weld y Polîs cyn mentro nôl fforna?" gofynnodd Jên Parri, pan oedd y ddwy o'r diwedd yn eistedd wrth eu cinio.

"Ond beth allwn ni ddweud wrth y Polîs?" gofynnodd Olwen.

"Wel . . . ein bod ni wedi ca'l ein drygio . . ."

"Pwy all brofi hynny? 'Fedrwn *ni* ddim."

"Wel, fe allen ni riportio fod yr hen ddyn Wilks 'na'n ymddwyn yn od."

"Mae 'na lawer o bobol yn ymddwyn yn od heb fod rhaid ca'l y Polîs atyn nhw, Jên."

"Wel . . . y . . . O, o'r gore—fedrwn ni ddim mynd at y Polîs!"

"Ddim nes bydd gyda ni fwy o wybodaeth."

"Gad i ni weld faint o wybodaeth sy gyda ni," meddai Jên Parri.

"'Dwy'i ddim yn siŵr fod gyda ni ddim byd o bwys o gwbwl oni bai am roi'r dryg yn y coffi. Beth arall? 'Chawson ni ddim croeso yn y Plas ar y dechre, mae'n wir. Fe fuon nhw'n bygwth hala'r cŵn ar ein hôl ni. Yn rhyfedd iawn, 'chlywon ni ddim byd wedyn am y cŵn, os oedd 'na gŵn. Ond ar ôl i ni fynd mewn i'r Plas, fe gawson ni groeso go lew on'd do fe? Fe gawson ni bryd o fwyd, fel roedd e, a lle i gysgu, a brecwast, ac wedyn fe gawson ni weld Miss Cathrin Huws. Ac os ca' i ddweud hynny, Olwen, roedd hi'n edrych

yn dda iawn o hen wraig. 'Ddwedwn i ddim fod llawer o le
arni, ac roedd hi'n amlwg yn meddwl y byd o'r dyn, Wilks
'na. Ac yn y diwedd fe awgrymodd yn ddigon plaen nad
oedd hi ddim yn awyddus iawn i weld rhagor arnon ni.
Felly, pam wyt ti am fynd nôl fforna 'to? 'Dwy'i ddim yn
gweld . . ."

"Rŷch chi wedi anghofio tri pheth, Jên."

"Beth ŷn nhw?"

"Y llythyr."

"Ond rhywun yn chware tric oedd hwnnw!"

"Wn i ddim. Welsoch chi fel roedd yr hen wraig a Wilks
yn edrych ar 'i gilydd pan sonies i am y llythyr? 'Doedden
nhw ddim yn siŵr beth i' ddweud am funud. Wedyn dyna'r
ysbryd. Ydych chi wedi anghofio hwnnw?"

"O . . . y . . . wyt ti ddim yn meddwl mai *breuddwydio*
wnest ti?"

"Nage, nage, nage!" Roedd Olwen yn ddi-amynedd.

"O'r gore. O'r gore! A beth am y trydydd peth?"
gofynnodd Jên Parri, gan hanner-gwenu.

"Y sgrech 'na."

"O ie! 'na beth od—rown i wedi anghofio honna, Olwen!
Rwyt ti'n iawn, mae 'na rhyw ddirgelwch ynghylch y lle
'na—rhywbeth yn mynd ymla'n . . . dere, gad i ni fynd."

Tro Olwen oedd hi i wenu yn awr.

*   *   *   *

Nid oedd gan y ddwy unrhyw gynllun clir wrth ddringo'r
lôn hir tuag at Blas Gwm Tywyll unwaith eto. Roedd hi'n
brynhawn erbyn hyn a'r haul wedi dod allan. Gallent weld
yr hen blas yn glir yn y pellter yn awr. Hyd yn oed ar olau
dydd edrychai'n sinistr, ac yn dywyll fel ei enw. Ar y chwith
iddynt yr oedd y môr a hwnnw'n sgleinio yn yr haul.

Yn sydyn clywodd y ddwy sŵn modur.

"Cwic!" gwaeddodd Olwen. Nid oedd cloddiau i guddio

36

tu ôl iddynt, dim ond twmpathau eithin mawr ar y tir agored. Neidiodd y ddwy tu ôl i'r twmpath eithin mwyaf a welsant. Daeth y car i'r golwg o gyfeiriad y Plas. Yr Humber mawr oedd e! Gwyliai'r ddwy'r car yn nesu â'u calonnau yn eu gyddfau. Pan ddaeth y car yn ddigon agos gwelsant Wilks wrth yr olwyn. Yn ei ymyl eisteddai dynes â gwallt golau. Roedd y ddau'n siarad â'i gilydd ac yn chwerthin. Yna roedd y car wedi mynd heibio. Ar ôl iddo fynd o'r golwg heibio i'r tro daeth y ddwy allan o'r tu ôl i'r twmpath eithin.

"Pwy oedd honna oedd gydag e yn y car 'te?" gofynnodd Jên Parri'n syn.

Ysgydwodd Olwen ei phen. "Dewch Jên," meddai, "gadewch i ni frysio."

"I ble . . . ?"

"I'r Plas! Tra bydd Wilks o 'na!"

"Ond . . ."

"Dyma'n cyfle ni, Jên, 'dŷch chi ddim yn gweld? Fe fynnwn i ga'l gwbod rhywbeth gyda Cora. Dewch."

Brysiodd y ddwy ymlaen ar hyd y llwybyr nes bod Jên Parri, druan, bron allan o wynt.

Dim ond dau dŷ oedd ar y pentir uchel hwnnw ar lan y môr—sef y Plas a rhyw fwthyn bach ar y graig nad oeddynt wedi ei weld y noson gynt. Meddyliodd Olwen y gallai hi fynd i holi'r rhai oedd yn byw yn y bwthyn hwnnw pe bai popeth arall yn methu.

Unwaith eto aethant i fyny'r lôn at y Plas distaw. Yng ngolau dydd gwelsant fod eiddew ar ei furiau i gyd. Yn ei ymyl yr oedd perllan a rhai afalau melyn ar ôl ar ei choed o hyd. Daethant at y drws mawr. Cododd Jên Parri ei hymbrela a churo arno. Clywsant sŵn traed yn nesu bron ar unwaith. Agorodd y drws a safai Cora yno yn edrych yn syn arnynt.

"O na!" meddai, a gwnaeth ymdrech i gau'r drws. Ond

roedd troed Jên Parri rhwng y drws a'r ffram cyn iddi lwyddo i wneud hynny.

"'Chewch chi ddim dod mewn," meddai, "mae Mr Wilks wedi dweud!"

"Ond mae Mr Wilks wedi mynd, Cora," meddai Jên gan wthio'i ffordd i mewn i'r tŷ.

"Ow . . ." meddai Cora'n ofidus, gan gilio'n ôl o ffordd Jên Parri ac Olwen, a mynd o'u blaen ar hyd y coridor.

"Pam ddaethoch chi nôl?" gofynnodd, "ydych chi wedi anghofio rhywbeth?"

"Do, rŷn ni wedi anghofio gofyn rhai cwestiyne i chi, Cora," meddai Jên. Edrychodd Cora arni mewn dychryn.

"Pwy oedd honna oedd yn y car gyda Wilks yn mynd lawr y lôn nawr?" gofynnodd Jên Parri.

Gwgodd Cora arni ac ysgydwodd ei phen. "Fe gewch chi ofyn iddo fe pan ddaw e nôl."

"Ond o ble daeth hi, Cora?" gofynnodd Olwen. "'Doedd hi ddim yma bore 'ma. Welson ni mohoni yn y tŷ 'ma neithiwr na bore 'ma!"

Chwarddodd Cora'n gras ond ni ddywedodd air.

"Rŷn ni am weld Miss Huws ar unwaith," meddai Olwen wedyn.

"Na! Na!" Roedd Cora wedi dychryn yn awr.

"Pam?" Roedd llais Olwen yn siarp.

"'Chewch chi ddim. Fe fydde Samiwel—y—Wilks yn hanner 'yn lladd i pe bawn i'n gadel i chi."

"O'r ffordd Cora," meddai Jên Parri. Ond safodd y ddynes o'i blaen. Cododd Jên Parri ei hymbrela'n fygythiol uwch ei phen.

"O'r ffordd!" gwaeddodd. Safodd Cora o'r neilltu. Yna roedd hi'n crio. "O na, peidiwch os gwelwch chi'n dda! Fydd hi ar ben arna i os ewch chi i weld Miss Huws. Rwyn erfyn arnoch chi—arhoswch nes daw Mr Wilks nôl, er fy mwyn i!"

Edrychodd Olwen a Jên Parri ar ei gilydd mewn syndod.

Roedd y ddynes yn amlwg o dan deimlad dwys, a bron na theimlent beth piti drosti.

"Mae'n rhaid i ni weld Miss Huws *cyn* i Wilks ddod nôl,'' meddai Olwen yn benderfynol.

Eisteddodd Cora'n swp mewn cadair yn ymyl y bwrdd a dechreuodd grio, â'i phen ar y bwrdd.

"Dewch, Jên,'' meddai Olwen, gan gychwyn y ffordd am y grisiau. Ar ôl cyrraedd y landin aeth y ddwy ar hyd y coridor hyd ei ben pellaf. Safasant o flaen drws yr ystafell lle gwyddent fod yr hen wraig yn gorwedd. Curodd Olwen ar y drws, yna cerddodd i mewn. Yr oedd y gwely ffôr-poster mawr yno o hyd. Ond nid oedd neb yn gorwedd ynddo. Roedd yr ystafell yn wag, ac nid oedd sôn am Miss Huws yn un man.

"Wel! Y Nefoedd Fawr!'' meddai Jên Parri, "ble mae hi wedi mynd? Rown i'n meddwl 'i bod hi'n gaeth i'r gwely!''

Edrychodd Olwen hefyd mewn penbleth o gwmpas y stafell wely. Sylwodd yn fanwl ar bopeth fel pe bai'n chwilio am ateb i'r dirgelwch. Sylwodd ar y papur ar y wal, hyd yn oed. Rhosynnau pinc yn dirwyn am bileri hirion. Yna clywodd y ddwy sŵn troed tu ôl iddynt. Trodd y ddwy mewn dychryn. Cora oedd yno.

"Ble mae Miss Huws, Cora?'' gofynnodd Jên Parri.

"Fe gewch chi ofyn i Mr Wilks pan ddaw e nôl,'' oedd yr ateb swrth.

"Rwy'i am wbod gyda chi nawr, Cora!'' Roedd llais Jên Parri'n swnio'n fygythiol. Yna torrodd sŵn oerllyd ar glustiau'r tair. Sŵn yn union fel yr un a glywsant y noson gynt—hanner sgrech, hanner cŵyn uchel. Aeth ias trwy gefn Olwen wrth ei glywed am yr ail dro. Y tro hwn roedd hi'n gwybod ei fod yn dod o rywle uwch eu pennau.

"Dewch, Jên,'' meddai'n wyllt.

Aeth allan o'r ystafell wely ac yn ôl i'r landin. O'r fan honno roedd grisiau'n arwain i'r llawr uwch ben. Roedd Jên

Parri yn ei hymyl erbyn hyn. Dringodd y ddwy'r grisiau'n gyflym nes dod i landin arall. Yno safasant i wrando. Dim sŵn yn unman yn awr.

"'Does dim amdani, Jên, ond chwilio pob stafell ar y llawr 'ma," meddai Olwen, gan fynd at y drws nesaf ati. Nid oedd wedi ei gloi. Aeth i mewn. Ystafell wely â rhywun wedi bod yn cysgu ynddi'r noson gynt, oherwydd roedd y gwely heb ei daenu. Gwelodd fwrdd gwisgo ac amlen hir arno. Cydiodd yn yr amlen. Catalog hadau gardd oedd ynddi. Ond yr enw ar yr amlen oedd o ddiddordeb i Olwen. "Mrs Cora Wilks" . . . Aeth allan o'r stafell gan gau'r drws.

Wedi agor pob drws ar yr ail lawr a chael pob ystafell yn wag, daeth Olwen a Jên Parri yn ôl unwaith eto i'r landin. Gwelsant Cora ar y landin odanynt yn edrych i fyny mewn dychryn arnynt. Roedd grisiau'n arwain o'r fan honno i lawr uwch eto a dechreuodd Olwen eu dringo.

"Peidiwch! Dewch nôl! 'Does dim hawl gan neb ond Samiwel—Mr Wilks i fynd lan fforna!" gwaeddodd Cora. Roedd hi'n swnio fel dynes o'i cho'n llwyr.

Aeth Jên Parri ar ôl Olwen. Roedd y grisiau'n gulach yn awr, ac yn fwy tywyll.

Yna daethant i'r llawr uchaf yn y plas. Coridor arall, a ffenest yn awr ac yn y man yn ei oleuo. Edrychodd Olwen allan trwy un ohonynt. Synnodd weld ei bod mor uchel uwchlaw'r ddaear. Roedd y berllan ymhell odani a'r coed ffrwythau'n edrych yn fychan.

Yn sydyn clywodd y ddwy y sŵn eto—yn fwy isel y tro hwn—dim ond cwyno trist. Roedd e'n dod o'r tu ôl i ddrws caeëdig ym mhen pella'r coridor. Rhedodd Olwen tuag ato. Roedd y drws wedi ei gloi ond roedd yr allwedd yn y clo. Arhosodd Jên Parri a hithau wrth y drws am ysbaid hir—yn gwrando. Clywsant y cwyno isel eto. Edrychodd y ddwy ar ei gilydd. Beth neu pwy oedd yr ochr arall i'r drws clo? Roedd ofn ar y ddwy. Ofn agor y drws. Ofn peidio. Cofiodd Olwen am fygythiad Cora i yrru'r cŵn ar eu hôl y noson gynt. Ai ci

40

neu gŵn oedd y tu ôl i'r drws? Ond 'fyddai neb yn cadw cŵn yma ar y llawr uchaf!

Ai Miss Huws oedd yno? Ond pam roedd hi wedi cael ei symud o'r ystafell lle gwelsant hi'r bore hwnnw? A pham roedd hi'n cwyno mor dorcalonnus? Roedd hi'n ddigon llon a bywiog rai oriau ynghynt. Cydiodd Jên Parri'n benderfynol yn yr allwedd a'i throi. Pan agorodd y drws safodd y ddwy am foment hir yn edrych i mewn i'r ystafell. Gwelsant wely haearn mawr â phedwar bwlyn pres ar ei byst. Ar y gwely gorweddai hen wraig hen iawn. Roedd ei gwallt a'i hwyneb fel yr eira ac roedd ei dwy law wedi eu clymu â chortyn wrth byst y gwely. Roedd ei llygaid ynghau ac edrychai ei chroen fel pe bai wedi ei fymeiddio.

Ai hon oedd Cathrin Huws? Os felly, pwy oedd yr hen wraig arall a welsant y bore hwnnw?

Edrychodd Olwen o gwmpas yr ystafell anniben. Sylwodd ar unwaith ar y papur wal. Patrwm o fioledau mewn basgedi hen-ffasiwn! Ac ar unwaith fe deimlai'n siŵr ei bod hi'n gwybod yr ateb i'r dirgelwch—neu ran o'r ateb beth bynnag.

Aeth yn nes at y gwely.

"Miss Cathrin Huws ŷch chi?" gofynnodd mewn llais isel. Am foment ni ddigwyddodd dim. Gorweddai'r hen wraig ar y gwely mor llonydd nes gwneud i Olwen gredu ei bod wedi peidio anadlu. Yna sylwodd fod llygaid yr hen wraig ar agor. Llygaid glas, glas. Edrychodd y llygaid o un i'r llall yn araf ac yn syn.

"Miss Huws ŷch chi?" gofynnodd Olwen wedyn. Dim ateb.

"Fe gawson ni'ch llythyr chi," meddai Olwen. Gwelodd gorff yr hen wraig yn gwingo fel pe bai'n ceisio codi.

"Rŷn ni wedi dod i'ch gweld chi—i'ch helpu chi os oes eisie," meddai Jên Parri mewn llais caredig.

Ceisiodd yr hen wraig godi ei llaw dde, ond roedd hi naill

41

ai'n rhy wan neu roedd y cortynnau'n rhy dynn. Aeth Olwen
i geisio datod clymau'r rheini.

"Miss Huws ŷch chi?" gofynnodd Jên Parri eto.

"Ie," meddai'r hen wraig, mewn llais gwan.

"O? Pwy—pwy oedd yr hen wraig arall welson ni bore
'ma?"

Edrychodd y ddynes yn y gwely mewn penbleth arni.
"Hen wraig arall?"

"Na hidiwch nawr, Miss Huws. Pam rŷch chi wedi cael
eich clymu fan hyn?" gofynnodd Jên.

"Wilks," meddai'r hen wraig, gan daflu llygad ofnus at y
drws, fel pe bai'n disgwyl gweld hwnnw'n cerdded i mewn
unrhyw funud.

Gweithiai Olwen yn ddistaw wrth y clymau a ddaliai'r
hen wraig wrth ddau bost y gwely. Sylwodd fod ei
garddyrnau'n goch ac yn llidus lle roedd y cortynnau wedi
rhwbio yn erbyn y croen.

"Wilks," meddai'r hen wraig wedyn, "y dyn ofnadw ag e!
Mae e wedi 'nghadw i'n garcharor fan hyn yn 'y nghartre'n
hunan ers wythnose, tra bod e'n gwerthu pethe—llunie,
llestri—popeth! Fe gredes i y bydden i farw fan hyn cyn i
neb ddod i'n helpu i. Roedd e'n taflu'n llythyron i i'r tân a
'down i ddim yn gallu mynd at y ffôn na dim . . . 'doedd gen
i ddim ffordd i roi gwbod i neb. O!"

Roedd bysedd ystwyth Olwen wedi datod y cortyn a
ddaliai un o ddwylo'r hen wraig. Ond roedd y fraich wedi
bod ynghlwm mor hir nes oedd hi'n boen i'r hen wraig ei
symud yn awr.

"Faint sy er pan ŷch chi wedi ca'l eich clymu fan hyn?"
gofynnodd Olwen, gan ddechrau gweithio ar y cwlwm arall.

"Yr wythnos ddiwetha . . . neu'r wythnos cyn hynny . . .
rwy'i wedi colli cyfri ar amser. Rhyw ddiwrnod . . . rown i'n
rhydd bryd hynny . . . ond 'i fod e'n cadw'r drws ynghlo . . .
fe weles i ddau fachgen bach yn y berllan . . . rown i'n
digwydd edrych mas drwy'r ffenest . . . wedi dod i ddwyn

43

fale roedden nhw. Fe weles i nghyfle . . . pe byddwn i'n
gallu taflu nodyn neu lythyr i'r rhain . . . falle y bydden
nhw'n ddigon caredig i roi e yn y post. Roedd amlen gen i
ond dim papur sgrifennu . . . Fe dynnes stripyn o bapur o'r
wal fanco, ac fe sgrifennes nodyn at yr unig berthynas oedd
gen i yn y byd—Richard Huws, yr Hendre, Llanyrafon.
'Doedd gen i ddim stamp ond roedd gen i bisyn deuswllt yn
'y mhoced. Fe rois hwnnw yn yr amlen gyda'r llythyr a
throi'r fflap mewn, rhag ofan y bydde fe'n dod mas ac yn
mynd i golli yn y borfa ar lawr y berllan. Wedyn fe agores y
ffenest a gweiddi ar y ddou fachgen, oedd yn llanw 'u
pocedi â fale mor gyflym ag y gallen nhw. Fe edrychodd y
ddou lanc yn syn arna i. 'Cymerwch chi'r fale,' medde fi . . .
waeth rown i'n gallu gweld 'u bod nhw'n barod i redeg.
'Postwch hwn i fi, os gwelwch yn dda', meddwn i wedyn,
'mae'r arian i dalu am y stamp tu fewn. Cofiwch 'i gau
fe . . . mae e'n bwysig.' Rown i'n gorfod gweiddi oherwydd
mae'r stafell 'ma'n uchel iawn . . . a rhaid fod Wilks wedi
'nghlywed i, waeth fe glywes 'i sŵn e'n dod ar hyd y coridor,
a'r drws yn agor. Pan welodd e fi yn y ffenest fe nhynnodd i
nôl. Pan welodd e'r ddou hen grwt bach yn y berllan â'r
llythyr yn llaw un ohonyn nhw—fe aeth mas o'i gof yn llwyr.
Fe waeddodd arnyn nhw . . . ond wrth gwrs, wnaeth e ddim
ond 'u dychryn nhw.

'Arhoswch ar unwaith!' medde fe ar dop 'i lais, ond
wnaeth hynny ddim ond gneud iddyn nhw redeg yn gynt.

"Fe ges i 'nghlymu wrth y gwely wedyn, a dim ond fe sy
wedi bod yn dod i ngweld i—'dyw Cora ddim yn ca'l dod. Fe
sy wedi bod yn dod â bwyd i fi . . . mae e wedi bod yn aros
gyda fi nes bydda'i wedi gorffen, iddo fe gael clymu
mreichie i unwaith 'to. 'Doedd gen i ddim unrhyw obaith y
bydde'r ddou hen grwt bach 'na'n posto'r llythyr. Rown i'n
meddwl yn siŵr y bydden nhw'n gwario'r ddeuswllt ac yn
taflu'r llythyr. Wedyn fe gofies fod Richard, druan, wedi
cael 'i ladd yn y rhyfel . . . yn 'y ngofid rown i wedi

anghofio—wedi drysu. Ond fe gawsoch chi'r llythyr . . . merch Richard ŷch chi?" gofynnodd gan droi at Olwen.

"Ie," meddai Olwen.

Edrychodd ei llygaid gleision yn hir arni. Yna cododd ei llaw grynedig a chyffwrdd â'i boch.

"Ie wir!" meddai'r hen wraig, "merch Richard! Wel, wel!"

Yn sydyn roedd y llygaid gleision yn llawn dagrau.

"Mae llawer o'r bai am yr hyn sy wedi digwydd, arna' i," meddai. "O, 'doedd dim eisie neb arna' i—perthnase na ffrindie na dim. Rown i'n gyfoethog ac roedd gen i'r plas 'ma—rown i'n annibynnol. Pe bai gen i berthnase a ffrindie'n dod i ngweld i'n amal—'fydde hi ddim yn bosib i'r dyn Wilks 'na nghadw i fel hyn yn garcharor."

Edrychodd ar Jên Parri. "Ydych chi'n perthyn i fi hefyd?"

"Na, morwyn yn yr Hendre ydw i—hen nyrs Olwen 'ma. Ond rhaid i ni benderfynu beth ŷn ni'n mynd i' neud nesa, Miss Huws. Wyddon ni ddim pryd y daw'r dyn na nôl."

"Os nad yw e wedi mynd am byth—wedi gneud digon o arian wrth werthu 'mhethe i," meddai'r hen wraig.

Y funud honno meddyliodd Olwen iddi glywed sŵn bach tu allan i'r drws. Aeth yn ddistaw i'w agor. Bu bron i Cora—(a oedd wedi bod yn gwrando â'i chlust yn dynn yn nhwll y clo)—gwympo ar draws Olwen pan agorwyd y drws mor sydyn.

"Cora!" meddai'r hen wraig, a'r dagrau'n llond ei llygaid eto.

"O, mae'n ddrwg gen i, Miss. Ond roedd Samiwel . . . fedrwn i neud dim. Roedd e'n benderfynol . . . er pan ddaeth y ddynes 'na o Gaerfyrddin . . ."

"Pwy oedd hi, Cora?" gofynnodd Miss Huws.

"Sylvia Jones."

"Sylvia Jones?"

"Ie, Miss. Fe ddaeth hi 'ma ryw ddiwrnod i ofyn a oedd

'antiques' i werthu . . . dyna beth mae'n neud nawr—mae siop hen bethe gyda hi yn y dre, 'antique dealer'."

Roedd Cathrin Huws wedi codi ar ei heistedd yn y gwely.

"A! Rwyn cofio rhyw ddynes yn dod fisoedd nôl . . . i ofyn a oedd gen i ryw bethe hen 'i gwerthu. Fe ddwedes wrthi am fynd . . ."

"Do, Miss. Ond fe fuodd yn siarad â Samiwel yn y drws am amser. Oddi ar hynny mae'r cyfan wedi dechre. Fe dwyllodd hi fe i werthu rhyw bethe iddi heb yn wybod i chi . . . mae gyda hi dafod teg iawn . . . actores oedd hi cyn iddi ddechre casglu hen bethe. O, mae hi'n gallu twyllo! Fe dwyllodd 'y ngŵr i beth bynnag." Dechreuodd Cora grio'n ddistaw, ac ni allai Olwen a Jên Parri lai na theimlo peth piti drosti.

"Hi oedd y ddynes welson ni bore 'ma?" gofynnodd Olwen.

"Ie," meddai Cora, "pan ddaethoch chi 'ma neithiwr i weld Miss Huws, a bygwth dod nôl â'r polîs os na fyddech chi'n ca'l dod mewn i'r plas—'wydde Samiwel ddim beth i' neud. Fe . . . fe roddodd rywbeth yn eich coffi chi er mwyn i chi gysgu drwy'r nos. Wedyn fe aeth e yn y car i Gaerfyrddin i weld y fenyw 'na. Rwyn meddwl mai hi gynlluniodd y cwbwl wedyn. Wig a 'make-up' oedd y cwbwl oedd eisie arni hi, ŷch chi'n gweld . . . roedd gyda hi ddigon o brofiad . . ."

"Ond yr ysbryd . . . ?" meddai Olwen.

"Samiwel . . . roedd e am godi dychryn arnoch chi i neud yn siŵr y byddech chi'n mynd yn y bore."

"Rhaid i ni gael y Polîs lan 'ma ar un waith," meddai Cathrin Huws. "Helpwch chi fi, newch chi? Rwy'i am godi o fan hyn a mynd lawr . . ."

Cydiodd Jên Parri ac Olwen yn ei breichiau. Roedd hi'n sigledig iawn ar ei choesau, ond yn benderfynol o adael y stafell lle bu'n garcharor mor hir. Gan bwyll bach, aethant â hi allan i'r coridor a draw hyd y landin. Cawsant drafferth mawr i'w chael i lawr y grisiau i'r landin nesaf ond daethant i ben â hynny hefyd. Roedd hi'n haws o'r fan honno wedyn gan fod y grisiau'n lletach o dipyn.

"Mae'n stafell i draw fanco," meddai'r hen wraig, gan bwyntio at ddrws ar y llawr cyntaf heb fod ymhell o'r landin. Aethant â hi at y drws ac aeth Cora o'u blaen i agor y drws. Gosodwyd yr hen wraig i eistedd ar wely crand iawn. Roedd hi'n anadlu'n gyflym ar ôl ei hymdrech fawr i ddod i lawr y grisiau ac edrychai mor wan â brwynen.

"Rwy'i am wisgo," meddai'n floesg, "fe gaiff Cora'n helpu i. Rhaid i un ohonoch chi fynd i ffono'r polîs. Mae'r ffôn yn y stydi."

"Mi af fi," meddai Olwen. "Ble mae'r stydi?"

"Drws gyferbyn â'r stafell lle buoch chi'n cael bwyd," meddai Cora. "Ond, Miss, does dim *rhaid* cael y Polîs . . . rwy'n siŵr . . ."

"Ewch Olwen," meddai'r hen wraig, gan wasgu ei dwy wefus yn dynn.

"Ga' i helpu Cora i'ch gwisgo chi," meddai Jên Parri, "er mai yn y gwely y dylech chi fod, cofiwch."

"Rwy'i wedi cael digon ar fod yn y gwely!" meddai'r hen wraig.

Cyrhaeddodd Olwen y stydi. Gwelodd y ffôn yn hongian ar y wal yn ymyl y lle tân. Roedd e'n declyn hen-ffasiwn iawn. Atebodd y gyfnewidfa bron ar unwaith.

"Y Polîs, os gwelwch yn dda," meddai Olwen.

Yna roedd hi'n clywed 'Br! Br!' y gloch y pen arall.

"Hylo! Sarjiant Peters fan yma."

Ond y foment honno roedd Olwen wedi clywed sŵn car yn dod i fyny'r lôn at y Plas. Yna gwelodd yr Humber mawr yn pasio'r ffenest.

"Hylo! Hylo!" meddai llais di-amynedd y Sarjiant. Ond roedd gweld wyneb mileinig Wilks tu ôl i olwyn yr Humber wedi dychryn Olwen.

"Hylo 'na!" Roedd y llais y pen draw wedi codi.

"Plas Cwm Tywyll!" gwaeddodd Olwen o'r diwedd, "Help! Dewch ar unwaith!"

A chyn aros am ateb gosododd y ffôn yn ôl yn ei le.

Cyn iddi agor drws y stydi i fynd yn ôl i'r llofft, clywodd lais Wilks yn gweiddi, "Cora! Cora!" Pwysodd Olwen â'i chefn ar y drws. Roedd hi'n rhy hwyr i feddwl am fynd yn ôl at y lleill bellach. Ni wyddai beth i'w wneud.

"CORA!" Roedd y llais fel taran. Agorodd Olwen gil y drws i wrando.

"Dyma fi, Samiwel," meddai Cora mewn llais bach o ben y landin. Yna clywodd Olwen sŵn ei chamau petrus yn dod i lawr dros y grisiau.

"Mae ar ben arnoch chi, Samiwel."

"Beth ŷch chi'n feddwl, Cora?"

"Fe ddaeth y ddwy 'na—y ferch ifanc a'r llall nôl . . ."

"Beth? Agoroch chi ddim o'r drws iddyn nhw gobeithio, neu fydd hi ddim yn dda arnoch chi, cariad!"

"Do, Samiwel. Maen nhw'n gwbod y cwbwl nawr. Maen nhw wedi bod gyda'r hen wraig . . ."

"Beth? Rŷch chi wedi bradychu'ch gŵr ŷch chi, Cora?"

"'Down i ddim yn fodlon o'r dechre . . ." Yna clywodd Olwen sŵn slap uchel a gwyddai fod Wilks wedi taro'i wraig. Ar unwaith torrodd honno allan i wylo.

"Ble maen nhw nawr?" gwaeddodd Wilks.

"Maen nhw wedi ffonio'r Polîs . . ." meddai Cora.

"Ble maen nhw nawr?"

"Dyma ni fan hyn!" gwaeddodd llais Jên Parri o ben y landin. Roedd Jên, a'r hen ladi ar ei braich, yn sefyll gyda'i gilydd yn edrych i lawr ar y dihiryn.

Bu moment o ddistawrwydd a Wilks yn edrych yn syn.

"Mae'r Polîs ar 'u ffordd, Wilks," meddai Jên Parri.

Chwarddodd Wilks yn gras. "Ydyn nhw wir! Wel, fydda i ddim yma pan ddôn nhw. Fydda i wedi mynd! Mae 'na hen lun yn y stafell ginio, Miss Cathrin Huws . . . mae Sylvia'n dweud wrthw i 'i fod e'n werth miloedd—er na

48

rown i ddim pumpunt amdano fe. Gobeithio na fydd dim gwahanieth 'da chi mod i'n mynd ag e gyda fi."

"Y Turner! Y llun o waith Turner? Na, na!"

Chwarddodd Wilks eto. "Ie hwnnw, Miss Huws."

"Samiwel," meddai Cora, "i ble'r ewch chi?"

"O'r blydi lle 'ma, Cora. Ac fe fydda i'n mynd 'y n hunan. Ŷch chi'n deall?"

Yna clywodd Olwen sŵn ei draed yn dod i gyfeiriad y stydi, a gwyddai ei fod ar ei ffordd i'r ystafell ginio i mofyn y llun.

Tra bu'n sefyll fan honno â'i chefn ar ddrws y stydi roedd hi wedi sylwi fod desg yn yr ystafell, ac ar y ddesg roedd cyllell-agor-llythyron—un loyw ar ffurf dagr. Roedd hi wedi meddwl unwaith cydio yn honno a wynebu'r dyn Wilks—â hi yn ei llaw. Ond gwyddai nad oedd hi'n ddigon dewr i wneud hynny. Yn awr, fodd bynnag, wrth feddwl fod Wilks yn mynd i ymadael cyn i'r Polîs gael amser i gyrraedd Plas Cwm Tywyll, fe ddaeth syniad arall i'w phen. Aeth at y ddesg ar flaenau ei thraed a chydio yn y gyllell fach. Aeth yn ôl wedyn i'r drws. Safodd fan'ny'n gwrando am eiliad. Gallai glywed sŵn Wilks yn y stafell ginio gyferbyn. Sleifiodd allan drwy ddrws y stydi a mynd am ddrws y ffrynt. Roedd Cora a Jên Parri'n helpu'r hen wraig i lawr dros y grisiau ac ni welodd yr un ohonynt Olwen yn agor y drws a mynd allan.

Safai'r Humber mawr yn union o flaen y drws. Aeth Olwen yn syth at yr olwyn flaen agosaf ati. Plygodd, a gwthiodd flaen miniog y gyllell fach i'r teier. Methodd â'i dyllu'r tro cyntaf. Brathodd eto, gan ddefnyddio ei holl nerth. Clywodd "wish" yr awyr yn dianc o'r teier. Unionodd, a gwelodd blisman yn dod yn drafferthus i fyny'r lôn ar gefn ei feic. Ond roedd e'n go bell eto, yn rhy bell, meddyliodd, i ddal Wilks onibai iddi hi . . . Daeth hanner-gwên i'w hwyneb wrth fynd yn ôl i'r tŷ.

Safai'r tair dynes wrth waelod y grisiau yn dwr bach

gyda'i gilydd. Daeth Wilks allan o'r stafell ginio â'r llun gwerthfawr o dan ei gesail. Gwelodd Olwen ac edrychodd yn ddrwgdybus arni.

"Mae plisman yn dod i fyny'r lôn," meddai Olwen.

Aeth Wilks i'r ffenest i edrych. Yna chwarddodd yn gras.

"Yn ffodus iawn, Miss," meddai'n wawdlyd, "mae'r lôn yn mynd mla'n heibio i'r plas ac yn dod allan ar y ffordd fawr sy'n arwain i Gydwely. Fydda i wedi cyrraedd y ffordd fawr cyn bydd hwnna wedi cyrraedd i'r fan hyn."

Aeth allan drwy'r drws â'r llun o dan ei fraich. Dringodd i sedd flaen yr Humber a rhoi'r pictiwr ar y sedd ôl. Ond roedd y plisman wedi ei weld.

"Hei! Hei!" gwaeddodd gan geisio pedlo'n gyflymach.

Yna roedd Wilks wedi cychwyn y peiriant. Roedd y plisman yn dod yn nes yn gyflym yn awr.

"Hei! Hei!" gwaeddodd wedyn, bron allan o wynt.

Roedd Jên Parri wedi cyrraedd y drws agored.

"Dewch gloi, mae e'n mynd!" gwaeddodd ar y plisman, gan chwifio'i breichiau. Erbyn hynny roedd Olwen hefyd yn y drws. Gwelodd wên fileinig ar wyneb y dyn tenau wrth olwyn yr Humber. Yna dechreuodd y car mawr symud.

Roedd y plisman wedi cyrraedd talcen y Plas yn awr, ond roedd y car yn mynd ymhellach oddi wrtho. Ond yn fuan iawn gwelodd Wilks fod rhywbeth o le. Roedd yr Humber yn mynd 'bwmp—bwmp' ar hyd y lôn, ac roedd e'n methu'n lân a'i lywio fe! Roedd e'n ddigon o hen yrrwr i wybod fod teier un o'i olwynion blaen mor fflat â phancosen. Ond beth oedd i'w wneud ond ceisio gyrru ymaith cynted ag y gallai? Gwasgodd y throtl a neidiodd yr hen gar ymlaen fel ceffyl hela. Tynnodd Wilks yn ffyrnig wrth yr olwyn i geisio'i gadw ar y ffordd. Ond fel y cyflymai'r peiriant âi'n fwy anodd i lywio. Y peth nesaf a ddigwyddodd oedd—i'r Humber fynd oddi ar y lôn i mewn i'r coed oedd yn tyfu tu ôl i'r plas, ac i ganol y drysi a'r drain i gyd. Ond roedd Wilks wedi gwylltio gormod i stopio'r hen

50

gar. Cadwodd ei droed yn drwm ar y throtl o hyd. Chwyrnai'r injian yn uchel a deuai cwmwl mawr o fwg o'r egsôst. Ond yn sydyn roedd y peiriant yn ddistaw a'r car yn llonydd—mewn pwll o ddŵr a hwnnw'n llawn o lys gwyrdd a brogaod, ond a oedd unwaith wedi bod yn lyn bach a blodau tlws o'i gwmpas i gyd.

Erbyn hyn roedd y plisman wedi disgyn oddi ar ei feic a rhedeg ar ôl y car a oedd fel petai wedi mynd yn wyllt. Cafodd ef yn y pwll dŵr a Wilks yn eistedd yn y sedd flaen wrth yr olwyn, yn edrych yn syth o'i flaen.

"Dewch, Wilks," meddai'r plisman, "beth bynnag sy wedi bod yn mynd ymla'n 'ma, rwyn siŵr eich bod *chi* yn y fusnes yn rhywle —waeth 'mae'r euog yn ffoi heb ei erlid' medden nhw. Dewch."

Heb ddweud yr un gair, daeth Samiwel Wilks allan o'r car, rhoddodd ei droed yn y dŵr a chamu i'r lan lle' r oedd y plisman yn aros amdano.

"Y llun!" meddai Olwen, a oedd wedi mentro dilyn y plisman trwy'r drysi, "rhaid cael y llun o'r car rhag ofn y bydd e'n gwlychu."

Gwnaeth y plisman arwydd ar Wilks, a bu rhaid i hwnnw fynd i'r dŵr yr ail waith i mofyn y darlun o waith Turner o sedd y car.

* * * *

Y noson honno yr oedd hen blas Cwm Tywyll yn fwy tywyll ac yn fwy unig nag y bu erioed. Nid oedd golau yn yr un ystafell, nac un enaid byw o gwmpas y lle yn un man; ac os bu'r hen fynach hwnnw ar gerdded drwy'r coridorau tua hanner nos, 'doedd neb yno i'w weld na'i glywed.

Roedd Wilks wedi mynd gyda'r plisman i ateb am ei ddrygioni, a'i wraig, Cora, wedi mynd at ei chwaer yn Llanelli. Ac wedi tipyn o drafferth roedd Olwen a Jên Parri wedi cael gan yr hen wraig fynd gyda nhw i'r Hendre, lle roedd cwmni a phobl gyfeillgar i edrych ar ei hôl.

51

HUW MORGAN A'R LLADRON

Yr oedd hi'n noson ddu, stormus ym mis Rhagfyr—noson i fwcïod a lladron penffordd, a noson i bobl barchus ac onest fod yn eu tai wrth y tân neu yn eu gwelyau.

Aeth bron ddwy ganrif heibio bellach er y noson honno, ond nid yw'r hanes a adroddir yma ronyn yn llai gwir am ei fod yn hen.

Fel y dwedwyd, noson i bobl wasgu i gysgod ac at wres tân oedd hi, ond roedd yna un dyn na *allai* aros yn ei gartre'r noson honno. Hwnnw oedd Doctor Huws, Trefawr.

Daeth allan o'i dŷ mawr yng nghanol y pentre pan oedd y cloc yn nhŵr yr eglwys yn taro un-ar-ddeg, a cherddodd yn gyflym tua drws y stabl ym mhen pella'r iard dywyll, i mofyn y gaseg ddu a oedd bob amser yn ei gludo i ymweld â'i gleifion.

Gwyddai'r doctor fod pum milltir o daith unig yn ei aros ef a'r gaseg y noson honno, oherwydd mewn ffermdy pell, ym mherfedd gwlad yr oedd geneth fach—unig ferch y ffermwr—yn gorwedd yn ddifrifol wael. Oni fyddai'n cael triniaeth feddygol cyn y bore, byddai'n siŵr o farw. Roedd Doctor Huws wedi bod yn ei gweld yn gynharach y diwrnod hwnnw, yna roedd e wedi dychwelyd adre i baratoi'r cyffuriau a allai achub ei bywyd.

Ysgydwai'r gwynt ddrws y stabl a chlywai'r glaw'n pistyllu ar y to, ac er bod ganddo glogyn du, mawr dros ei ysgwyddau, a chot fawr drwchus o dan hwnnw, gwyddai y byddai'n wlyb hyd ei groen cyn cyrraedd pen y daith. O dan y clogyn du, i'w chysgodi rhag y gwynt, roedd ganddo lusern ynghyn. Tynnodd honno allan yn awr i ddangos iddo ble roedd clicied drws y stabal. Pan agorodd y drws, gweryrodd y gaseg ddu yn isel a throi ei phen i edrych arno.

Ymhen rhai munudau roedd y ddau ar eu taith. Aethant trwy strydoedd gweigion Trefawr ac allan i'r ffordd fawr ymhen tipyn. Er ei bod yn dywyll iawn, fe wyddai'r Doctor am bob tro yn y ffordd am rai milltiroedd tu allan i'r pentre, gan ei fod wedi ei thrafaelio gannoedd o weithiau ar bob tywydd ac ar bob awr o'r dydd a'r nos. Felly, er na allai weld fawr ddim o'i flaen, cadwai'r llusern o dan ei glogyn o hyd i'w gwarchod rhag i'r gwynt ei diffodd.

Rhedai'r gaseg yn rhwydd ar y ffordd wastad er bod y glaw a'r gwynt yn ei hwyneb, a chyn bo hir barnai'r Doctor eu bod yn nesu at hanner y ffordd i Blyg-y-rhiw, sef y ffermdy unig lle gorweddai'r eneth glaf. Fe wyddai hefyd eu bod yn nesu at y Gelli Oer.

Hen le coediog, anial oedd y Gelli Oer ac roedd ofn ar bawb fynd heibio i'r lle ar ôl iddi nosi. Y rheswm am hynny oedd, fod y fan yn boblogaidd gan ladron penffordd ers blynyddoedd bellach, ac roedd storïau ar led am lawer teithiwr hwyr a gafodd ei gam-drin a'i ysbeilio o bob dimai a feddai, yn y pant coediog, tywyll—y Gelli Oer. Gwaetha'r modd, ni allai'r doctor osgoi'r lle, gan fod yr unig ffordd a arweiniai i Blyg-y-rhiw yn rhedeg drwyddo.

Fe wyddai'r Doctor yn iawn pam roedd y Gelli Oer mor boblogaidd gan ladron. Ar bob tu i'r ffordd yn y fan honno roedd hen gilfachau creigiog yn llawn drain a drysi ac anialwch o bob math, lle gallai'r lladron ymguddio, heb ofni cael eu dal, am ddiwrnodau, neu am wythnosau pe bai angen.

Ond, meddyliodd y doctor wrtho'i hunan, nid dyma'r tro cyntaf iddo ef fynd y ffordd honno dan gysgod nos, a 'doedd neb wedi ymosod arno. A phwy fyddai allan ar y fath noson, beth bynnag—ond fe!

Ond er nad oedd neb erioed wedi ymosod arno pan oedd ar ei deithiau hwyr i weld ei gleifion, fe fyddai'r doctor bob amser yn cario pistol gydag ef. Gorweddai hwnnw yn awr ym mhoced ddofn ei got fawr drwchus. Fe gariai bistol yn bennaf er mwyn plesio'i wraig, a oedd yn gofidio amdano pan fyddai allan yn nyfnder nos wrtho'i hunan.

Yr oedd y ffordd yn awr yn mynd ar i waered tua'r Gelli Oer. Tynnodd y doctor ei lusern allan o dan ei glogyn. Gan ei fod yn awr yng nghysgod y coed uchel a dyfai o gwmpas yr hen le, nid oedd perygl y byddai'r gwynt yn diffodd y gannwyll a oedd yn llosgi'n bwl tu fewn i ffenestri'r llusern.

Rhedai'r gaseg yn llyfn o dan y coed a phlygai'r doctor ymlaen i wylio'r ffordd, yn enwedig ei hymylon lle roedd y coed, a'r cysgodion dyfnaf. Gwelodd dro tywyll o'i flaen a gwyddai ei fod yn awr wedi cyrraedd dyfnderoedd y Gelli Oer.

Yna roedd cysgod du wedi symud o'r coed i ganol y ffordd.

"Aros!" gwaeddodd llais cras. Ffrwynodd y doctor y gaseg ar unwaith a gweryrodd honno yn uchel gan ofn.

Yn y golau gwan a daflai'r llusern gwelodd y doctor ddyn barfog, garw yr olwg yn sefyll ar gefn ceffyl o'i flaen, a gwelodd y golau'n fflachio ar faril pistol a ddaliai yn ei law.

Yno o dan y coed nid oedd sŵn y storm mor uchel, a chlywodd y doctor sŵn carnau aflonydd ceffyl yn nes ymlaen heibio i'r tro yn y ffordd.

'Mae yna ddau ohonyn nhw o leiaf,' meddai wrtho'i hunan.

"Dere lawr oddi ar gefn y ceffyl 'na! A dere'n dawel bach os wyt ti'n parchu dy fywyd!" Roedd llais y lleidr penffordd yn oeraidd ac roedd rhyw dinc ynddo a rybuddiai'r doctor fod y dyn yma'n barod i'w saethu'n gelain pe bai'n anufuddhau iddo. Ond mentrodd ddadlau ag ef serch hynny.

"Rwy'i ar y ffordd . . ."

"Disgyn!" meddai'r lleidr ar ei draws mewn eiliad.

Gwelodd y doctor faril y pistol yn codi ychydig nes oedd yn anelu'n syth at ei fynwes.

Ond yn rhyfedd iawn, yn lle codi dychryn arno, ni wnaeth hynny ddim ond gwneud iddo golli ei dymer. Pam rwy'n gadael i'r dihiryn yma fy rhwystro rhag mynd i Blyg-y-rhiw i geisio achub bywyd yr eneth fach yna, meddyliodd. Ond fe wyddai ar yr un pryd fod pob eiliad a dreuliai ar gefn y gaseg yn awr yn ei roi mewn mwy o berygl. Unrhyw foment fe fyddai'r lleidr yn tanio—roedd y neges honno yn ei lygaid ac ym mhob ystum o'i gorff.

"Wyt ti am farw?" Roedd llais y lleidr yn fwy tawel y tro hwn, ond rywsut, yn fwy dychrynllyd hefyd.

Yn sydyn hyrddiodd y doctor y llusern o'i law yn syth i wyneb y lleidr. Trawodd ef rhwng ei ên a'i frest a diffodd ar unwaith. Eiliad cyn i'r tywyllwch gau amdanynt gwelodd y doctor geffyl y lleidr yn codi ar ei ddwy goes ôl mewn dychryn. Clywodd y lleidr yn rhegi'n ffyrnig yn y tywyllwch. Tynnodd y doctor ei bistol o boced ei got fawr. Taniodd i gyfeiriad y sŵn a chlywodd waedd siarp. Gwyddai wedyn ei fod wedi clwyfo'r lleidr. A oedd wedi ei ladd? Cafodd wybod yn fuan iawn, oherwydd yr eiliad nesaf chwibanodd bwled heibio i'w glust chwith. Roedd y dihiryn yn fyw 'i wala, ac roedd e'n tanio nôl!

Yn awr barnodd y doctor nad oedd yn gwneud dim ond peryglu ei fywyd wrth aros rhagor yn y fan honno, a chan ei fod yn tybio fod lleidr arall yn llechu yr ochr arall i'r tro, trodd ben y gaseg yn gyflym tuag yn ôl.

"Ji-up!" gwaeddodd arni, ac ufuddhaodd hithau ar unwaith. Roedd hi wedi dechrau rhedeg allan o'r Gelli Oer ar garlam pan fflachiodd pistol un o'r lladron tu ôl iddynt. Teimlodd y doctor boen yn serio trwy ei ysgwydd dde a gwyddai fod y fwled wedi ei daro. Gwnaeth sŵn yr ergyd o'r tu ôl iddi i'r gaseg wylltio'n deg, ac yn awr roedd hi'n mynd mor gyflym fel mai prin y gallai'r doctor clwyfedig aros ar ei chefn.

Gwyddai fod y clwyf yn ei ysgwydd yn gwaedu'n bur ddrwg oherwydd gallai deimlo ei grys yn wlyb, ac yn glynu wrth ei gefn. Fe'i teimlai ei hun yn syrthio i ryw bwll tywyllach na thywyllwch y nos o'i amgylch, a gwyddai ei fod ar fin llewygu. Byddai'n rhaid iddo stopio carlamu'r caseg ar unwaith neu fe fyddai'n cwympo o'r cyfrwy i'r llawr ac yn rhoi terfyn ar ei fywyd wrth daro'i ben ar garreg neu rywbeth. Ond teimlai bron yn rhy wan i dynnu'r ffrwyn erbyn hyn. Yn ddiarwybod iddo llithrodd yr awenau o'i law.

Roedd y gaseg yn awr wedi cyrraedd y tir gwastad ymhell uwchlaw'r Gelli Oer. Roedd hi ar ei ffordd adre i Drefawr ac nid oedd angen neb i ddangos y ffordd iddi.

Ond roedd cyflwr y doctor ar ei chefn yn gwaethygu. Ni allai feddwl yn glir yn awr; ond dywedai rhyw chweched synnwyr wrtho fod rhaid stopio'r gaseg.

"Wo!" Roedd ei lais yn floesg ac yn wan, ond fe glywodd y gaseg. Arafodd ac yna stopio yn ymyl y clawdd. Llithrodd y doctor yn araf oddi ar ei chefn i'r borfa wlyb. Bu'n gorwedd yn y fan honno am dipyn yn ddi-ymadferth a'r glaw'n disgyn yn greulon ar ei wyneb. Ond unwaith eto roedd rhyw synnwyr yn ei rybuddio fod rhaid iddo symud o'r fan honno. Ni allai feiddio aros yno yn y glaw a'r oerfel neu byddai ar ben arno. Dechreuodd ymlusgo trwy'r borfa yn boenus o araf a ffwdanus. Nid oedd wedi mynd ond ychydig lathenni pan welodd olau. Roedd hwnnw'n dod trwy ffenest fechan, sgwâr. Trwy'r gwyll gwelodd furiau gwyngalchog bwthyn bach ar ochr y ffordd. Yn ffodus iawn roedd y bwthyn yn ymyl, a chododd hynny galon y doctor, oherwydd, pe bai ymhellach, ni allai obeithio cyrraedd y drws.

Dechreuodd ei lusgo'i hunan i gyfeiriad y golau, ac o'r diwedd, wedi ymdrech hir a phoenus, fe lwyddodd i gyrraedd y drws. Cododd ei ddwrn chwith a tharo'r drws ddwywaith. Ond gwan oedd yr ergydion, ac nid oedd yn siŵr a oedd eu sŵn yn ddigon i dynnu sylw'r rhai oedd yn byw yn y bwthyn. Pwysodd ei gefn yn erbyn y wal wyngalchog, wedi blino'n llwyr ar ôl ei ymdrechion yn ceisio cyrraedd y bwthyn. Ni theimlai'r gwynt a'r glaw ar ei wyneb bellach—yn wir ni theimlai ddim ond y boen yn ei ysgwydd. Aeth amser heibio. Yna agorodd y drws yn araf a llifodd golau allan trwyddo. Daeth pen bachgen tua deuddeg oed i'r golwg yn y crac rhwng y drws a'r ffram.

"Pwy sy 'na?" gofynnodd y bachgen, yn ofnus.

Fe geisiodd y doctor ei ateb, ond ni ddaeth dim ond ochenaid fawr o'i enau. Gwelodd y drws yn cael ei gau yn ei wyneb a cheisiodd weiddi. Ond ni allai. Yn awr roedd y drws ynghau a'r golau caredig wedi diflannu. Teimlodd fod y cyfan ar ben.

Ond ymhen rhyw funud agorodd y drws eto a daeth y bachgen allan â llusern ynghyn yn ei law, i weld beth, neu pwy, oedd yn gorwedd ar y trothwy yr amser hynny o'r nos. Yng ngolau'r llusern gwelodd olygfa ryfedd iawn. Dyn mewn clogyn du, mawr, a hwnnw'n wlyb domen, yn gorwedd yn ei hyd yn y llaid. Yna gwelodd y gwaed coch ar garreg y drws.

"Mam!" gwaeddodd, "Mam! Mae rhywun—rhywun wedi cael niwed! Mam!" Roedd llond ei lais o ddychryn.

Daeth ei fam i'r drws yn ei gŵn nos wlanen hir. Pan welodd honno gyflwr truenus y dyn ar y trothwy, dywedodd ar unwaith, "O'r arswyd y byd! Rhaid i ni ei gael e i'r tŷ ar unwaith, Huw. Cydia yn 'i goese fe, 'machgen i."

Cydiodd hithau yn ysgwyddau'r doctor. Pan ddechreuodd y ddau lusgo'r dyn clwyfedig i'r tŷ, daeth ochenaid drom arall dros ei wefusau. Roedd y doctor yn gorff mawr, a chafodd y ddau drafferth i'w gael i mewn i gegin gynnes y bwthyn. Ond o'r diwedd roedd e'n gorwedd ar draws yr aelwyd, o flaen y tân mawn a oedd wedi ei enhuddo dros y nos. Ond yn awr roedd Marged Morgan, (oherwydd dyna oedd enw'r wraig weddw, mam yr hogyn, a drigai yn y bwthyn), yn procio'r fawnen nes bod fflamau a mwg tew'n codi o'r lle tân. Wedyn aeth i gynnau'r lamp a safai ar y bwrdd. Yna, yng ngolau honno edrychodd ar y swp, gwlyb, gwaedlyd ar y llawr.

"Gwarchod pawb! Rwyn 'i nabod e, Huw! Y Doctor! Doctor Huws, Trefawr yw e!"

"Beth sy wedi digwydd iddo, Mam?" gofynnodd yr hogyn, gan edrych yn syn ar yr wyneb gwelw a'r gwallt du, gwlyb yn hongian yn gudynnau drosto. Roedd llygaid y doctor ynghau yn awr ac anadlai'n llyfn fel dyn yn cysgu.

Cydiodd Marged Morgan mewn siôl ddu oddi ar gefn y gadair siglo a'i thaflu dros ei gŵn nos. Yna penliniodd yn ymyl y doctor.

"Mae e'n gwaedu, Huw," meddai, "yn ddrwg hefyd. Rhaid i ni gael y clogyn yma oddi amdano. Mae e'n edrych fel pe bai e wedi cael 'i saethu. Synnwn i ddim nad lladron y Gelli Oer sy'n gyfrifol am hyn. Rhed Huw bach, i fario'r drws rhag ofn . . ."

Pan ddaeth Huw yn ôl i'r aelwyd wedi cloi a bario'r drws, aeth ati i helpu ei fam i dynnu'r clogyn du oddi ar ysgwyddau'r doctor. Ar ôl llwyddo i wneud hynny gwelsant y byddai rhaid tynnu'r got frethyn, dew hefyd cyn cael golwg ar y clwyf yn ei ysgwydd. Ond cyn gynted ag y ceisiodd y ddau dynnu'r got, cwynodd y doctor yn uchel mewn poen.

"Beth wnawn ni?" gofynnodd Huw.

"Dos i'r cwpwrdd fanco, Huw bach, i mofyn y diferyn brandi sy'n y botel fach ar y silff ucha'."

Daeth y bachgen â'r brandi a cheisiodd Mrs Morgan gael y diferyn lleiaf rhwng y gwefusau gwelw.

Ni ddigwyddodd dim am foment neu ddwy, yna, er eu llawenydd, agorodd y doctor ei lygaid. Edrychodd yn syn ar Huw yn gyntaf, yna hoeliodd ei lygaid ar ei fam. "Ble'r ydw i? Beth sy wedi digwydd?" gofynnodd yn wyllt.

"Rŷch chi wedi cael damwain, Doctor Huws, wedi'ch

clwyfo . . ." meddai Mrs Morgan. Ni ddywedodd y doctor ddim am foment.

"Ai lladron Gelli Oer sy'n gyfrifol, doctor?" gofynnodd Mrs Morgan wedyn.

Fe geisiodd y doctor godi ar ei eistedd, ond bu rhaid iddo orwedd wedyn ar unwaith.

"Ie," meddai, "lladron Gelli Oer."

"Beth allwn ni neud, doctor?" gofynnodd Marged Morgan.

"Rhaid i chi dynnu'r got fawr 'ma."

"Ond fedrwn ni ddim, doctor—ddim heb eich brifo chi."

"Cyllell neu sisiwrn," meddai'r doctor.

Tynnodd Mrs Morgan siswrn mawr o ddrôr y seld.

"Torrwch y brethyn," meddai'r doctor.

Gwthiodd y wraig weddw flaen y siswrn i'r brethyn a oedd yn goch gan waed. Torrodd y llawes i ffwrdd, gan deimlo dipyn yn annifyr ei bod hi'n gorfod torri cot o frethyn mor gostus.

Gwnaeth doriad arall a syrthiodd y brethyn oddi ar yr ysgwydd glwyfedig.

Torri wedyn trwy ddillad isa'r doctor nes o'r diwedd roedd y clwyf yn y golwg.

"Oes gennych chi siden neu ddarn go fawr o liain glân, 'merch i?" gofynnodd y doctor. Erbyn hyn roedd e wedi gallu gweld y clwyf drosto'i hunan. Roedd y fwled wedi mynd trwy ei ysgwydd ac allan yr ochr arall.

Heb betruso dim tynnodd Marged Morgan liain bwrdd gwyn fel eira allan o ddrôr arall y seld. Edrychodd Huw yn syn arni. A oedd hi'n mynd i ddefnyddio ei lliain bwrdd gorau i rwymo'r clwyf gwaedlyd yn ysgwydd y doctor? 'Doedd bosib, oherwydd 'fyddai hi byth yn tynnu hwnnw o'r drôr ond ar adegau arbennig iawn, iawn!

Ond gwelodd hi'n dangos y lliain i'r doctor.

"Fe gewch chi ddweud wrthw i a Huw 'ma—sut, doctor," meddai.

60

Dangosodd y doctor iddynt sut i blygu'r lliain a sut i'w glymu'n dynn o dan ei gesail er mwyn rhwystro'r gwaedu. Gwelodd Huw'r lliain gwerthfawr yn troi'n goch ar unwaith.

"Rhywbeth dan 'y mhen i," meddai'r doctor ac aeth Mrs Morgan i mofyn y gobennydd o'i gwely ei hunan.

Erbyn hyn roedd y tân mawn yn fflamio'n braf a dillad gwlybion y doctor yn mygu yn y gwres. O edrych ar y 'bandage', a fu unwaith yn liain bord gorau Marged Morgan, gwelodd fod y gwaed coch yn dechrau ceulo arno. Roedd hynny'n arwydd fod y clwyf wedi gorffen gwaedu.

Daeth Marged Morgan â chwpanaid o laeth twym iddo.

"A!" meddai'r doctor ar ôl ei yfed, "dyna'r moddion gore brofais i erioed." Edrychodd ar Marged Morgan.

"'Dwy'i ddim yn siŵr pwy sy wedi bod mor garedig tuag ata' i . . . ond rwyn meddwl mod i'n eich nabod chi . . . Marged Morgan, gweddw Tom Morgan ŷch chi?"

"Ie, doctor, a dyma Huw'r mab."

"A! Rwy'i yn y Dolau felly te. Dwy'i ddim yn meddwl 'mod i wedi bod 'ma er pan fu Tom farw . . . faint sy oddi ar hynny, dwedwch—pum mlynedd?"

"Ie. Fe fuoch chi'n dda iawn i ni bryd hynny, doctor," meddai Marged Morgan, a'i llygad yn loyw gan ddeigryn. Ysgydwodd y doctor ei ben.

"Fe fethes i achub 'i fywyd e, Marged. Ond rŷch chi'ch dau wedi achub 'y mywyd i heno, rwyn teimlo'n siŵr."

Bu distawrwydd yn y gegin wedyn am dipyn. Yna dihangodd ochenaid fawr dros wefusau'r doctor, yn ddiarwybod iddo.

"Be' sy, doctor? Ydy'r boen yn waeth?" gofynnodd Marged Morgan ar unwaith.

"Na, merch i . . . meddwl yr own i am y ferch fach 'na . . . Elin . . . merch Edward Jones, Plyg-y-rhiw . . . ydych chi'n gwbod am Blyg-y-rhiw, Marged? Ffarm fawr yr ochor arall i'r Gelli Oer, draw ym mhlwy Betws fforna."

"Roedd Tom yn enedigol o blwy Betws," meddai Mrs

Morgan, "mae 'i frawd yn byw 'na o hyd. Fe fydden ni'n arfer mynd am dro fforna ambell i brynhawn Sul. Fe wyddon ni'n iawn ble mae Plyg-y-rhiw. Beth oeddech chi'n ddweud am y ferch fach 'na?"

"Dyna lle rown i'n mynd pan ymosododd y lladron 'na arna'i ŷch chi'n gweld—mynd â moddion i ferch fach Edward Jones Plyg-y-rhiw . . . mae hi'n wael iawn . . . ac os na chaiff hi'r moddion sy gen i yn 'y mag . . . rwyn ofni y bydd hi ar ben arni."

"Wel mae'n sicir na fedrwch chi ddim symud o'r tŷ 'ma heno, doctor. Fe fydd rhaid i ni 'neud rhyw drefniade i'ch cael chi nôl i Drefawr yn y bore. Fe af i i wisgo amdana'i nawr, os esgeusodwch chi fi . . . fe fydd eisie bwyd arnoch chi . . ."

Aeth Marged Morgan i'r penucha lle roedd ei gwely a'i dillad-bob-dydd, a chaeodd y drws.

"Faint yw dy oed di, fachgen?" gofynnodd y doctor i Huw.

"Deuddeg oed," atebodd Huw.

"Wyt ti'n gyfarwydd â thrin ceffylau?"

"Rwy'n gallu trin y ferlen sy gyda ni 'ma."

"Mae'r gaseg . . . 'y nghaseg i . . . mae mas yn y glaw 'na rywle. Fedri ti fynd i edrych amdani . . . a'i chlymu? Neu gwell byth pe byddet ti'n gallu 'i rhoi hi mewn rywle o'r glaw, a rhoi tipyn o wair iddi . . . waeth mae'n amlwg na alla'i i ddim mynd ymhellach heno."

"Fe af fi i edrych amdani," meddai Huw, gan gymryd y lantarn yn ei law a mynd am y drws.

Pan agorodd y drws cydiodd y gwynt yn ei ddillad a disgynnodd y glaw ar ei wyneb. Tynnodd ddrws y bwthyn ar ei ôl. Cyn gynted ag y safodd yno yn y tywyllwch wrtho'i hunan, fe deimlodd ofn yn cydio ynddo. A oedd lladron Gelli Oer wedi dilyn y doctor? Tybed nad oedden nhw'n llercian o gwmpas yn rhywle yn awr?

Gwelodd y gaseg yn fuan iawn. Roedd hi'n pori blewyn

62

glas wrth ochr y ffordd. Roedd ei chot ddu'n sgleinio gan y glaw. Gweryrodd yn isel pan aeth Huw'n agos ati a dechreuodd symud oddi wrtho. Ond siaradodd yn dawel â hi a chyn bo hir cafodd afael yn ei ffrwyn. Aeth â hi nôl i gyfeiriad y bwthyn. Wrth fynd sylwodd ar y bag lledr a oedd yn hongian wrth y cyfrwy. Bag y doctor. Yn hwnnw roedd y moddion i'r ferch fach oedd yn wael iawn—merch Edward Jones, Plyg-y-rhiw. Beth oedd y doctor wedi'i ddweud? Y byddai hi farw cyn y bore os na châi hi'r moddion! Roedd y moddion a allai achub ei bywyd yno—yn y bag lledr. Ond 'doedd dim ffordd i'r eneth ei gael oherwydd fod y doctor wedi cael ei glwyfo gan ladron y Gelli Oer. Dechreuodd Huw weld, o flaen ei lygaid, eneth fach yn gorwedd yn llonydd mewn gwely mawr, a'i mam a'i thad yn sefyll yn ei hymyl yn edrych i lawr ar ei hwyneb gwelw. Hyd yn oed y funud honno, fe fyddent yn disgwyl clywed sŵn caseg y doctor yn cyrraedd y clos. Yn barod rhaid eu bod nhw'n meddwl fod y doctor yn hwyr yn cyrraedd.

Clymodd y gaseg wrth bost clwyd yr ardd ac aeth yn ôl i'r tŷ.

"Gest ti hi?" gofynnodd y doctor.

"Do."

"Welest ti 'mag i wrth y cyfrwy? Ydy hwnnw'n ddiogel?"

"Ydy."

"A! Oes lle gyda ti i roi'r creadur dan do, fachgen?"

"Y . . . doctor . . ."

"Ie?"

"Y ferch fach 'na sy'n wael . . . mi a' i â'r moddion os ca' i fenthyg y gaseg."

Edrychodd y doctor yn syn arno. "Trwy'r Gelli Oer?"

Ni ddywedodd Huw ddim.

"Na, na," meddai'r doctor wedyn, "'does gen i ddim hawl disgwl i ti beryglu dy fywyd felna."

Daeth Marged Morgan i mewn i'r ystafell, wedi gwisgo ei dillad bob-dydd erbyn hyn.

"Mae'r bachgen 'ma wedi dweud 'i fod e'n fodlon mynd â'r moddion i Blyg-y-rhiw, Marged Morgan," meddai'r doctor.

Edrychodd Marged Morgan ar ei mab. "Huw! O na, chei di ddim . . .!"

"Ond mae'r ferch fach 'na . . ." meddai Huw.

Rhoddodd ei fam ei braich am ei ysgwyddau. "Doctor," meddai, "dim ond Huw sy gen i yn y byd i gyd nawr er pan golles i 'ngŵr . . . alla' i ddim gadel iddo fe."

"Fydda' i'n iawn, mam," meddai Huw ar ei thraws.

"'Chei di ddim mynd, Huw, dyna ddiwedd ar y peth!" Roedd llais ei fam yn siarp ac yn ddi-amynedd. Cododd y doctor ar ei eistedd.

"Mae dy fam yn iawn, Huw. 'Fedra' i ddim bod yn gyfrifol am dy hala di drwy'r Gelli Oer heno . . . wyt ti'n gweld beth ddigwyddodd i fi, on'd wyt ti? Nawr, dos i roi'r gaseg o dan do, wnei di, a dere â'r bag 'na sy wrth y cyfrwy mewn i'r tŷ."

Aeth Huw at y drws unwaith eto, ac allan i'r tywyllwch. Wrth fynd roedd e'n cael ei boeni gan bictwr clir o flaen ei feddwl—o ferch fach yn gorwedd yn ei gwely—yn disgwyl—yn disgwyl yn ofer am y botel oedd ym mag y doctor.

Roedd y glaw a'r gwynt wedi ymlacio tipyn erbyn hyn. Aeth Huw at ben y gaseg a safai'n llonydd wrth glwyd yr ardd. Tynnodd y ffrwyn yn rhydd oddi wrth bost y glwyd. Yna, bron yn ddiarwybod iddo'i hunan, rhoddodd ei droed yn y warthol a neidio i'r cyfrwy ar gefn y gaseg. Trodd ben y gaseg am y ffordd fawr ac i ffwrdd ag ef. Curai ei galon fel morthwyl wrth deimlo'r gaseg ddu'n codi trot cyn gynted ag y rhoddodd ei phen iddi.

Aeth bron ddeng munud heibio cyn i'r ddau yn y tŷ feddwl fod rhywbeth o le.

"Mae'r crwt yn hir yn dod nôl, Marged Morgan," meddai'r doctor.

"Rown inne wedi dechre meddwl hynny. Rhoi'r gaseg dan do mae e debyg iawn. Ceffyle yw'r cwbwl gydag e, doctor."

"Fel 'i dad, mae'n debyg, Marged. Osler yn y Plas oedd e ontefe?"

"Ie. Roedd Huw'n marchogeth ceffyle'r Plas bron cyn gynted ag roedd e wedi dysgu cerdded!" Gwenodd Marged Morgan wrth gofio am y dyddiau hapus hynny pan oedd ei gŵr yn fyw. Ond bron ar unwaith diflannodd y wên o'i hwyneb ac edrychodd dipyn yn bryderus.

"Mae e'n hir nawr, doctor. Fe af i i edrych a yw e'n olreit."

Taflodd hen got dros ei gwar ac aeth allan.

Daeth yn ei hôl yn fuan iawn. Gwaeddodd wrth ddod i mewn drwy'r drws.

"Doctor! Mae e wedi mynd! 'Does dim sôn amdano fe na'r gaseg!"

"Roeddwn i'n ame braidd 'i fod e wedi mynd. Roedd hi'n amlwg 'i fod e'n gofidio am yr eneth fach 'na ym Mhlyg-y-rhiw. Mae e wedi mynd â'r moddion iddi. Mae'n ddrwg gen i, Marged. Falle na ddylswn i ddim fod wedi sôn dim am yr eneth na'r moddion . . . ond fe ddweda i hyn, Marged—mae gyda chi grwt y gallwch chi fod yn falch ohono fe. Rhaid i ni weddïo nawr y bydd e'n llwyddo i fynd trwy'r Gellir Oer heb i'r cythreulied 'na ymosod arno fe."

"Ond mynd heb ddweud wrth 'i fam, doctor! O!"

"Rhaid i chi beidio digio. Os oedd e'n benderfynol 'i fod e am fynd, dyna'r unig ffordd, ŷch chi'n gweld. Cofiwch chi, Marged, mae e wedi gneud rhywbeth dewr iawn. Faint o fechgyn deuddeg oed fydde'n barod i' fentro hi trwy'r Gelli Oer ar noson fel heno?"

"Ond dim ond fe sy gen i, doctor bach! Beth pe bydde rhywbeth yn digwydd iddo fe . . . ?"

"Dewch nawr, Marged. Mae 'na hen ddywediad

65

Saesneg—'Fortune favours the brave'. Fe fydd popeth yn iawn, gewch chi weld."

*   *   *   *

Wrth nesáu at yr hen gilfach dywyll a elwid—y Gelli Oer, sylweddolodd Huw fod y glaw trwm wedi darfod er fod y gwynt yn dal i chwythu'n gryf o hyd. Roedd ei ddannedd yn clecian, a gwyddai mai ofn, ac nid yr oerfel, oedd yn gyfrifol am hynny.

Erbyn hyn roedd y gaseg yn mynd yn gyflym i lawr y rhiw tuag at y Gelli Oer. Cyn bo hir yn awr fe fyddai Huw'n gwybod a oedd y lladron o gwmpas o hyd. Meddyliodd am y lladron am funud. Rhaid eu bod yn ddynion rhyfygus a chaled, i dreulio noson mor stormus yn y Gelli Oer yn ymosod ar deithwyr unig. Beth oedd wedi eu gyrru i wneud gwaith mor greulon a pheryglus?

Er fod yr awyr wedi ysgafnu tipyn pan beidiodd y glaw ac er fod arwyddion fod y lleuad yn codi yn y dwyrain, eto i gyd, i lawr yn y Gelli Oer, o dan y coed trwchus, roedd hi'n dal yn dywyll o hyd.

Gwrandawai Huw ar sŵn carnau'r gaseg ar y ffordd galed. Dyna'r sŵn a fyddai'n debyg o dynnu sylw'r lladron—dyna fyddai'n eu rhybuddio fod rhywun yn dod. Tynnodd ben y gaseg at y clawdd. Yn awr roedd hi'n cerdded trwy'r borfa feddal ac nid oedd ei charnau'n gwneud unrhyw sŵn.

Roedden nhw yn awr *yn* y Gelli Oer. Roedd yr ofn yng nghalon Huw erbyn hyn yn beth real iawn. Ofnai glosio'n rhy agos i'r clawdd, lle roedd y tywyllwch ddyfnaf, rhag ofn i law estyn allan yn sydyn a chydio ynddo. Ar yr un pryd ofnai gadw at ganol yr heol rhag i sŵn carnau'r gaseg rybuddio'r lladron.

Aethant heibio i'r tro cyntaf yn y ffordd—sef y fan lle'r ymosodwyd ar y doctor. Ni ddigwyddodd dim.

Yna trawodd un o garnau blaen y gaseg garreg yng nghlais y clawdd, gan wneud fflach o olau yn y tywyllwch, a sŵn uchel yn y distawrwydd, oedd yn debyg i ergyd gwn. Teimlodd Huw fel pe bai rhyw wifren dynn wedi torri tu mewn iddo. Gwasgodd ei sodlau'n sydyn i ystlysau'r gaseg gan ei thynnu i ganol yr heol yr un pryd. Ufuddhaodd y gaseg ar unwaith. Mewn winciad roedd hi'n galapo'n swnllyd am dro tywyll arall yn y ffordd. Yna clywodd Huw waedd o'i ôl.

"Aros y cythraul, neu rwyn tanio!"

Unwaith eto trawodd Huw ei sodlau yn ochrau'r gaseg ddu. Roedd sŵn ei charnau'n atsain trwy gilfachau'r Gelli Oer yn awr, a hithau'n rhedeg ar ei heithaf. Yna clywodd Huw ergyd pistol o'i ôl a bwled yn sïo heibio i'w ben.

"Dere gaseg fach!" meddai, a'i lais yn crynu.

Ond wedyn clywodd sŵn carnau o'r tu cefn iddo. Roedd y lleidr neu'r lladron ar ei ôl!

Clywodd sŵn ergyd arall o'r tu ôl iddo ond ni ddaeth sŵn y fwled y tro hwn. Rhaid bod y lleidr wedi tanio'n wyllt i gyfeiriad y sŵn a wnâi carnau'r gaseg.

"Dere gaseg fach," meddai Huw eto. Gwyddai erbyn hyn fod y cyfan yn dibynnu ar ei chyflymdra hi, os oedden nhw i gyrraedd Plyg-y-rhiw yn iach.

Clustfeiniodd am sŵn o'r tu ôl iddo. Roedd sŵn carnau ceffyl y lleidr yn ddigon clir. A oedd e'n swnio'n nes erbyn hyn? Ni allai Huw fod yn siŵr.

Yn awr roedd y gaseg yn dringo'r rhiw allan o'r Gelli Oer. Teimlodd Huw hi'n arafu wrth wynebu'r codiad tir. Yn ei ofn a'i wylltineb ni allai ddeall mai'r rhiw serth oedd yn gwneud i'r gaseg arafu. Beth oedd yn bod arni? Ai wedi blino roedd hi? Trodd ei ben a chlywodd sŵn y carnau o'r tu cefn iddo yn beryglus o agos. Bob munud disgwyliai fwled yn ei gefn.

Ond wedi rhedeg am dipyn sylweddolodd Huw fod y gaseg yn ennill ar geffyl y lleidr. Daethant allan o'r coed ac i ben y rhiw. O'i flaen gwelodd fod y lleuad wedi codi'n glir uwchlaw'r gorwel. Taflai ei golau ar y ffordd unig a oedd yn dirwyn dros y tir uchel i gyfeiriad Plyg-y-rhiw. Yn awr roedd y gaseg yn rhedeg ar y gwastad unwaith eto a deallodd Huw ar unwaith nad oedd hi wedi blino! Carlamodd ymlaen fel pe bai'n gwybod yn iawn am y perygl o'u hôl. Taflodd Huw un gip dros ei ysgwydd eto. Roedd dyn ar gefn ceffyl yn sefyll ar ben y rhiw, yn glir yn y golau-leuad! Ie, yn sefyll—wedi rhoi i fyny'r ras â'r gaseg ddu, meddyliodd. Roedden nhw'n ddiogel—wedi mynd trwy'r Gelli Oer heb eu dal gan y lladron! Teimlodd ei galon yn llamu yn ei fynwes—nid gan ofn yn awr—ond gan falchder a llawenydd.

Ymhen ennyd gwelodd y dyn llonydd ar ben y rhiw yn troi pen y ceffyll ac yn diflannu yn ôl i gyfeiriad y Gelli Oer.

Er iddo weld y lleidr yn troi'n ôl, ac er ei fod bellach yn gwybod fod y perygl drosodd, ni ffrwynodd Huw'r gaseg. Gadawodd iddi redeg, oherwydd, yn awr, roedd e'n awyddus i gyrraedd Plyg-y-rhiw cyn gynted ag y gallai, er mwyn i'r eneth glaf gael y moddion heb oedi.

Roedd ei dad wedi dangos Plyg-y-rhiw iddo fwy nag unwaith pan oedd yn fachgen bach tua saith oed, a hwythau ar y ffordd i 'Tŷ Mamgu' ym mhlwyf Betws. Gwyddai ei fod ar y chwith, yn ymyl y ffordd fawr ar ôl pasio'r eglwys.

Ond ble'r oedd yr eglwys? Teimlai'n siŵr y dylsai fod wedi ei phasio erbyn hyn. Yna gwelodd ei thŵr main yng ngolau'r lleuad. Aeth heibio i'r lle distaw gan daflu llygad dros wal y fynwent ar y cerrig beddau llwydion.

Cyn bo hir gwelodd dalcen gwyngalchog hen ffermdy mawr Plyg-y-rhiw ar y chwith. Ffrwynodd y gaseg a throi oddi ar y ffordd i mewn trwy glwyd agored i fuarth y ffarm.

Cyfarthodd ci. Yna roedd y drws wedi agor, a dyn wedi rhedeg allan.

"Doctor! Rŷch chi wedi dod! Diolch byth. Rydyn ni wedi bod yn eich disgwl chi!"

Roedd y gaseg yn chwythu ac yn mygu ar ganol y buarth. Ond gwelodd y ffermwr ar unwaith nad Doctor Huws, Trefawr oedd ar ei chefn.

Llithrodd Huw i'r llawr. "Nid Doctor Huws sy 'ma, Mr Jones," meddai.

"O?" meddai'r ffermwr, ac roedd môr o ofid yn ei lais, "Wel pwy ŷch chi 'te?"

"Huw Morgan y Dolau, yr ochor arall i'r cwm . . ."

"O dier. Roedden ni wedi bod yn disgwl y doctor . . . roedd e wedi addo dod heno. Ond mae wedi bod yn stormus iawn . . ."

"Mae'r doctor wedi cael damwain, Mr Jones, ac rwy'i wedi dod â'r moddion i'ch merch . . . yn 'i le fe."

"Dofe, machgen i? O diolch i Dduw! Dewch i'r tŷ ar unwaith. Mae'n ddrwg gen i glywed am y doctor." Arweiniodd y ffermwr y ffordd i'r tŷ.

"Edward, ydy'r doctor wedi dod?" Llais gofidus dynes o'r drws.

"Na, Cathrin . . . ond mae'r bachgen 'ma wedi dod â'r moddion."

Erbyn hyn roedd Huw wedi cyrraedd y gegin olau â bag y doctor yn ei law. Gwelodd ddynes drist yr olwg yn edrych yn syn arno. Yng nghornel yr ystafell—yn union fel roedd e wedi dychmygu'r peth cyn cychwyn—gwelodd wely, a phen geneth fach yn y golwg ar y gobennydd gwyn. Roedd y gruddiau bach bron cyn wynned â'r gobennydd. Roedd llygaid y plentyn ynghau.

"Pam na fuase'r doctor yn dod 'i hunan, Edward? Mae'n gwanhau bob awr . . . roedd e wedi addo . . ."

"Mae e wedi cael damwain," meddai Huw, gan dynnu'r botel foddion allan o'r bag. Edrychodd ar y label a gwelodd yn llawysgrif aflêr y doctor;

"Dwy lwyaid i gychwyn wedyn llwyaid bob pedair awr."

Estynnodd y botel i'r ddynes. "Dwy lwyaid," meddai.

Aeth Edward Jones at ddrôr y ford i mofyn llwy. Yna aeth y tri at y gwely lle gorweddai'r plentyn claf.

"Codwch 'i phen hi, Edward, gan bwyll bach," meddai'r fam, gan gymryd y llwy o'i law. Tynnodd y corcyn o'r botel. Gwelodd Huw fod ei llaw yn crynu. Erbyn hyn roedd Edward Jones wedi rhoi ei law fawr, arw yn dyner o dan ben yr eneth fach a'i godi o'r gobennydd. Arllwysodd Mrs Jones lond y llwy, gan golli'r diferyn lleiaf ar y cwilt. Roedd genau'r ferch fach yn gil-agored, ac yn ofalus gadawodd Mrs Jones i'r cyffur brown redeg o'r llwy i'w cheg. Pan oedd y plentyn wedi cymryd llond dwy lwyaid, gosododd Edward Jones ei phen cyrliog yn ôl ar y gobennydd a safodd y tri o gwmpas y gwely yn gwylio—fel pe baent yn disgwyl i'r moddion wneud ei waith ar unwaith a gwella'r plentyn tra roedden nhw'n edrych. Ond ni ddigwyddodd dim newid yng nghyflwr yr eneth fach. Gorweddai yno â'i llygaid ynghau—heb symud dim. Anadlai mor ysgafn fel mai prin y gallai Huw gredu ei bod yn anadlu o gwbwl.

Trodd Cathrin Jones oddi wrth y gwely ymhen tipyn ac edrych yn syn ar Huw.

"Fe ddaethoch chi trwy'r Gelli Oer wrth eich hunan!" meddai. "Chawsoch chi ddim trwbwl . . .? Welsoch chi neb?"

"Wel . . . do," meddai Huw. Yna adroddodd yr hanes i gyd wrth y ffermwr a'i wraig.

"Druan o Doctor Huws! Ond yw hi'n beth gwarthus fod dihirod felna'n ymosod ar ddyn sy ar 'i ffordd i weld person claf!" meddai Edward Jones yn chwerw.

"O!" meddai ei wraig ar ei draws, "rŷch chi'n wlyb domen! A finne heb sylwi. O maddeuwch i fi, wir . . . rwy'i wedi bod yn gofidio cymaint am Enid fach . . . rhaid i chi dynnu'ch dillad gwlybion . . ."

"Ie, wir, a chysgu 'ma heno, Huw—er y bydd hi'n ddydd ymhen rhai orie. Ond chewch chi ddim mynd nôl trwy'r

71

Gelli Oer nes bydd hi'n ole dydd a . . . a . . . chwmni gyda chi."

"Ond mae'r gaseg . . ." meddai Huw.

"Gwarchod y byd!" meddai Edward Jones, "Wrth gwrs! Caseg ddu'r doctor! Oni bai amdani hi fyddech chi ddim wedi cyrraedd, Huw. Fe af fi ar unwaith."

Aeth allan cyn i Huw gael cyfle i ddadlau dim. Ond, a dweud y gwir, 'doedd arno ddim llawer o awydd dadlau. Roedd e wedi blino ac roedd gwres y tân yn hyfryd.

"Rhaid i fi 'neud pryd o fwyd i chi, Huw," meddai Mrs Jones.

Eisteddodd y crwt ar y sgiw o flaen y tân. Roedd y gegin yn ddistaw, gan fod Mrs Jones yn symud o gwmpas y bwrdd mor dawel—yn union fel pe bai'n ofni deffro'r eneth fach yn y gwely, meddyliodd Huw. Ac eto, meddyliodd wedyn, ni fyddai dim yn well ganddi hi a'i gŵr y funud honno na'i gweld yn deffro'n iach.

Yna daeth Edward Jones yn ei ôl ac eistedd gyferbyn â Huw wrth y tân. Roedd golwg flinedig iawn arno, fel pe bai wedi bod ar ei draed nos a dydd ers diwrnodau.

"Dewch nawr, i gael tamaid o fwyd," meddai Mrs Jones mewn llais isel.

Te twym a bara gwenith pur a thrwch o fenyn cartre ar hwnnw. Roedd y cyfan yn flasus iawn.

Aeth Mrs Jones i eistedd yn ymyl y gwely yn y gornel tra roedd Huw yn bwyta ei swper hwyr. Faint o'r gloch oedd hi, meddyliodd.

Edrychodd ar yr hen gloc oedd yn cerdded yn bwyllog ac yn urddasol yn y gornel. Hanner awr wedi un! Ni allai gofio iddo fod ar lawr mor hwyr erioed o'r blaen yn ei fywyd. Yn sicir 'doedd e erioed wedi bwyta pryd o fwyd yn oriau mân y bore fel hyn o'r blaen.

Edrychodd i gyfeiriad y gwely. Roedd y fam yn plygu mlaen i wylio'r wyneb bach, gwelw. Edrychodd i gyfeiriad y tân a gweld Edward Jones â'i ben yn ei ddwylo fel dyn mewn gofid mawr.

"Rhaid iddi wella," meddai Huw wrtho'i hunan, gan deimlo rhyw lwmp yn ei wddf, "er mwyn 'i mam a'i thad, a'r doctor, a'r gaseg—a finne." Wedi cael digon i'w fwyta aeth yn ôl at y tân unwaith eto. Tynnodd ei got wlyb oddi amdano a'i rhoi ar fraich y sgiw yn ymyl y tân. Dechreuodd fygu yn y gwres yn fuan. Aeth amser heibio heb i neb ddweud yr un gair.

"Edward! O!" Roedd Huw'n hanner cysgu yn y gwres pan dorrodd llais Mrs Jones ar draws y distawrwydd. Neidiodd ef ac Edward Jones ar eu traed gyda'i gilydd. Aeth y ddau ar unwaith at ymyl y gwely. Roedd llygaid yr eneth fach ar agor led y pen—llygaid gleision mawr a'r rheini'n edrych o un wyneb i'r llall ac yn aros yn hir ar wyneb Huw.

"Enid! Wyt ti'n well, cariad?" Roedd llais isel Cathrin Jones yn crynu gan deimlad. Cydiodd y plentyn yn llaw ei mam.

"Ydw'," meddai mewn llais bach nad oedd yn ddim ond sibrwd. "Pwy . . . ?"

Roedd y llygaid mawr yn edrych ar Huw eto. Gwenodd Mrs Jones trwy ei dagrau.

"Huw," meddai, "wedi dod â moddion i ti gael gwella, odd'wrth Doctor Huws, 'y nghariad i." Rhoes y fam ei llaw ar dalcen y plentyn. Pan drodd ei phen i edrych ar ei gŵr, â'r fath olwg hapus ar ei hwyneb, gwyddai Huw fod y moddion a olygodd gymaint o ymdrech i'r doctor a'r gaseg—ac iddo yntau hefyd—wedi dechrau gwneud ei waith. Roedd y ferch fach—unig blentyn Edward a Cathrin Jones, Plyg-y-rhiw, yn mynd i wella. Fe deimlai hynny yn ei esgyrn yn awr wrth edrych ar yr wyneb bach, tlws ar y gobennydd. Yna sylwodd fod y llygaid gleision mawr yn cau eto. Roedd y plentyn ar fin mynd yn ôl i gysgu. Ie, i gysgu y tro hwn, meddyliodd Huw, ac nid i orwedd yn ddiymadferth mewn twymyn fel a wnâi cyn iddi gael y moddion.

Fel pe bai wedi darllen ei feddyliau, dywedodd Edward Jones, gan ei dynnu oddi wrth y gwely, "Fe wna cysgu les iddi nawr, Huw, gewch chi weld. Sut galla'i ddiolch i chi, fachgen—sut galla'i dalu nôl am achub 'y mhlentyn i?" Synnodd Huw weld dagrau yn llygaid dyn mawr, cryf fel Edward Jones.

"Ond . . . y . . . nid fi . . . ond y moddion . . . Doctor Huws . . ." meddai'n gloff.

"Ie, ie. Ond roedd eisie dewrder i ddod ag e trwy'r Gelli Oer ar ôl i'r doctor gael 'i glwyfo, Huw."

"'Doeddwn i ddim yn ddewr o gwbwl, Mr Jones, wir i chi. Roedd 'y nannedd i'n clecian wrth ddod trwy'r Gelli Oer!"

Rhoddodd Edward Jones ei law ar ei ysgwydd. "Dyna'r dewrder mwya yw peth felna—gallu mynd ymlaen trwy'r peryglon i gyd—er eich bod chi'n crynu gan ofn."

*   *   *   *

Torrodd y wawr yn heulog, braf trannoeth ar ôl y nos ofnadwy. Dihunwyd Huw Morgan gan gyfarth ci a brefu llawer o wartheg. Pan agorodd ei lygaid a sylweddoli ei fod mewn gwely ac ystafell ddieithr, fe aeth peth amser heibio cyn iddo gofio ble roedd. Yna, meddyliodd ar unwaith am Enid, merch fach Edward a Chathrin Jones. A oedd hi dipyn yn well erbyn hyn? A sut oedd y doctor? A oedd ei fam yn gofidio amdano?

Cododd wedyn a gwisgo amdano. Synnodd gael fod ei ddillad yn sych ac yn gynnes. Rhaid bod Mrs Jones wedi gofalu eu sychu tra roedd ef yn cysgu.

Wrth fynd i lawr y grisiau clywodd arogl cig moch yn ffrïo yn dringo o'r gegin.

"A, Huw! Rŷch chi ar lawr yn fore!" Llais tyner Mrs Jones, a safai wrth y bwrdd. Edrychodd Huw i gyfeiriad y gwely.

"Sut . . . ?" meddai.

74

"O, yn well, Huw! Gymaint yn well y bore 'ma, diolch i Dduw!"

Ar ôl brecwast dywedodd Huw wrth Edward Jones ei fod yn awyddus i fynd tua thre cyn gynted ag y gallai rhag ofn fod ei fam yn gofidio amdano.

"Fe ddaw'r gwas a finne gyda chi trwy'r Gelli Oer, Huw," meddai Edward Jones ar unwaith.

Hanner awr yn ddiweddarach roedd y tri—Huw, Edward Jones a'r gwas yn teithio ar gefn ceffylau trwy'r Gelli Oer. Cariai Edward Jones a'r gwas ddau wn hir, a'r rheini ar annel yn barod i danio. Yng ngolau dydd edrychai'r hen gilfach ddofn yn ddigon prydferth. Roedd storm y noson gynt wedi gadael carped trwchus o ddail dros y ffordd a'r cloddiau, a hwnnw o aur a choch a melyn. Taflai'r haul ei belydrau trwy'r canghennau hanner-noeth uwchben gan wneud patrymau tlws ar yr hen greigiau ar bob ochr i'r ffordd. Oedd, roedd y Gelli Oer yn edrych yn dlws y bore hwnnw, ac ni fentrodd yr un lleidr penffordd allan o ganol y coed a'r drysi i ymosod ar y tri. Ond rywsut, fe deimlai Huw fod llygaid yn y drysni yn eu gwylio'n mynd heibio.

Fe fu Edward Jones yn well na'i air. Er nad oedd wedi addo gwneud dim mwy na hebrwng Huw trwy'r Gelli Oer, fe fynnodd fynd ymlaen cyn belled â'r Dolau gydag ef. Roedd e'n awyddus i weld sut oedd y doctor ar ôl ei brofedigaeth y noson gynt.

Cawsant y doctor yn gorwedd ar y sgiw wrth y tân a gobennydd Huw o dan ei ben. Roedd e'n cysgu pan gyrhaeddodd y cwmni, ond dihunodd ar unwaith pan glywodd sŵn lleisiau.

Rhuthrodd Marged Morgan i'r drws, a phan welodd fod ei bachgen yn fyw ac yn iach, cydiodd yn dynn ynddo a'i wasgu at ei mynwes.

"Doctor!" meddai Edward Jones, gan groesi at y sgiw, "mae'n ddrwg gen i am yr hyn sy wedi digwydd i chi—a chithe ar eich ffordd i neud daioni. Mae'n bryd i ni glirio'r dihirod 'na o'r Gelli Oer . . . Sut ŷch chi'n teimlo bore 'ma, doctor?''

"O, rwyn iawn ond fod yr ysgwydd 'ma'n brifo tipyn, Edward Jones. Ond—y ferch fach—Enid—sut mae hi?''

"Yn well, diolch i'r drefn. A diolch i chi a'r bachgen, Huw 'ma.''

"Fe wnaeth y moddion 'i waith?''

"Do, doctor, roedd y dwymyn bron â'i gadel yn llwyr pan adewais i'r tŷ y bore 'ma.''

Gwenodd y doctor yn fodlon. "Huw," meddai, gan godi ar ei eistedd ar y sgiw. Aeth y bachgen ato.

"Mae'n dda gen i glywed gan Edward Jones 'ma, na fuodd ein gwaith ni neithwr ddim yn ofer. Mae'r ferch fach yn well. Sut buodd hi arnat ti yn y Gelli Oer, Huw?" Yna adroddodd Huw'r hanes cyffrous i gyd wrtho. Ar ôl iddo orffen rhoddodd y doctor ei law ar ei ysgwydd.

"Da ngwas i! Fe helpest ti i achub bywyd merch fach neithwr, Huw. Pan dyfi di'n ddyn, doctor fyddi di, gei di weld!''

*   *   *   *

Er mai cellwair oedd Doctor Huws wrth ddweud hyn—yn rhyfedd iawn—ymhen blynyddoedd wedyn, fe ddaeth ei broffwydoliaeth yn wir. Ymhen amser fe ddaeth yr hogyn Huw Morgan, mab gwraig weddw'r Dolau, yn "Doctor" Huw Morgan, Trefawr, ac yn ôl yr hanes, fe fu Edward Jones Plyg-y-rhiw yn helpu i dalu ei gostau yn y coleg.

A'r lladron? Wel, fe gododd yr ardal fel un gŵr ar ôl clywed am eu hymosodiad ar y doctor, ac fe aeth tyrfa fawr, gyda gynnau, i hela hen gilfachau tywyll y Gelli Oer, nes dod o hyd i'r ddau.

Cawsant un ohonynt wedi ei glwyfo, ond ceisiodd y llall ddianc, a bu rhaid ei saethu. Ac fe fu'r ffordd unig trwy'r Gelli Oer yn ddiogel i deithwyr ar ôl hynny.

Y DYN Â'R GRAITH LAS

Roedd hi'n bedwar o'r gloch y prynhawn pan gyrhaeddodd Doctor Idris Treharne a'i deulu bentre bach Llangïan, ar lan môr Bae Ceredigion.

Gwyddonydd oedd Doctor Treharne, a gwyddonydd hefyd oedd ei wraig, Beti. Gyda nhw yn y car roedd eu dau blentyn, Linda—gwallt coch, deg oed, a Richard (Dic), gwallt du, deuddeg oed.

Roedden nhw wedi teithio'r holl ffordd o Lundain yn y car, a theimlai'r pedwar dipyn yn flinedig.

Stopiodd y Doctor y car o flaen tafarn y 'Gloch', sef y gwesty mwyaf (o ddau) yn y pentre. Roedd e wedi trefnu cyn gadael Llundain y bydden nhw i gyd yn aros yn y gwesty yma nes byddai eu dodrefn wedi dod ar lori o'u hen gartref yn y Brifddinas.

Er fod tafarn y Gloch dipyn yn hen-ffasiwn, cawsant fod eu stafelloedd gwely'n rhai digon cyfforddus a glân.

O ffenest ei ystafell wely ef a'i wraig gallai'r Doctor weld yr Orsaf Arbrofi fry ar ben y graig uwch ben y môr. Yno y byddai'n gweithio o hyn allan.

"'Dyw e ddim yn edrych yn lle mawr, Beti," meddai wrth ei wraig, "ond maen nhw'n dweud fod mwy na'i hanner e o dan ddaear—er mwyn diogelwch pe bai rhyfel yn dod, wrth gwrs."

"Pe bai rhyfel yn dod, Idris,? Mae rhyfel yn *mynd* i ddod, a hynny'n fuan iawn, gewch chi weld."

"Ond fe ddwedodd y Prif Weinidog—'Peace in our Time'. 'Dwy'i ddim yn meddwl y bydde Neville Chamberlain yn dweud peth felna os nag oedd e'n 'i feddwl e."

"Ba!" meddai ei wraig, "hen ffŵl gwirion yw e!"

"Beti!"

"Wel, pam mae e'n credu'r Adolff Hitler 'na te? Dim ond ffŵl fu'se'n credu'r un gair mae hwnna'n ddweud."

Ysgydwodd ei gŵr ei ben. "Mae'n gas gen i'r holl sôn 'ma am ryfel, Beti. Pan benderfynes i fod yn wyddonydd rown i'n meddwl mai dyfeisio pethe i neud yr hen fyd 'ma'n fwy hapus ac yn well lle i fyw ynddo fe, fydde 'ngwaith i. A dyma fi wedi cael 'y ngalw i weithio yn Llangïan lle maen nhw'n arbrofi gyda 'radar' a rocedi—a dyn a ŵyr beth arall!"

"Fe wêl yr hen blant wahanieth, Idris. Byw yn y lle tawel 'ma ar ôl Llunden. Ond os oes rhyfel ar ddod fe fydd hi'n saffach fan yma mae'n debyg?"

"Wn i ddim, wir! Pe bai'r 'Germans' yn dod i wbod beth sy'n mynd ymla'n fan hyn, fe fydden nhw'n siŵr o'i fomio fe."

Ar ôl te blasus yn y 'Gloch' aeth Mrs Treharne a'r plant i lawr i lan y môr ac aeth y Doctor i fyny'r rhiw i'r Orsaf Arbrofi i gwrdd â'r swyddogion yno.

Safai dau filwr arfog wrth y porth oedd yn arwain i'r Orsaf. Sylwodd hefyd fod ffens uchel o weier bigog o gwmpas y lle i gyd, a rhybuddion Saesneg "PROHIBITED AREA"—"KEEP OUT!" ymhobman.

"Doctor Treharne. Mae Cyrnol Grant yn 'y nisgwl i," meddai wrth y milwyr arfog.

"Pass and Identity Card, please," meddai'r sowldiwr yn Saesneg.

Tynnodd y Doctor ei bapurau swyddogol o'i boced a'u dangos. Bu'r ddau filwr yn eu hastudio'n hir. Yna daeth Sarjiant, â rhuban coch ar ei fraich, allan o adeilad ar y dde. Bu yntau'n astudio'r papurau.

"Follow me, sir," meddai o'r diwedd.

Dilynodd Doctor Treharne y sarjiant ar draws iard goncrid, lydan at adeiladau wedi eu paentio'n llwyd, diflas.

78

"Yr un lliw â chreigiau glan-môr Llangïan 'ma," meddyliodd.

Ar ôl mynd mewn i'r adeiladau, oedd yn glwstwr gyda'i gilydd y pen draw i'r iard, curodd y Sarjiant ar ddrws a'r enw "Cyrnol Grant" arno.

"Dewch!" gwaeddodd llais o'r tu fewn.

"Arhoswch fan yma am funud, syr," meddai'r Sarjiant, ac aeth i mewn wrtho'i hunan â phapurau'r Doctor yn ei law. Cyn bo hir daeth yn ôl a dweud,

"Mae Cyrnol Grant yn barod i'ch gweld chi nawr, syr."

"A! Doctor Treharne! Croeso i Llangïan, syr. Maddeuwch y tipyn ffys ynglŷn â'ch papurau ac yn y blaen. Diogelwch, syr, 'Security'. Mae'r 'orders' yn dod o'r top, Doctor, oherwydd mae'r gwaith sy'n cael 'i neud yma'n bwysig iawn—yn holl-bwysig os daw rhyfel."

"'Dwy'i ddim yn siŵr iawn pam y ces i alwad i ddod 'ma . . ."

"Proffesor Dalton—ein prif wyddonydd ni 'ma—ofynnodd amdanoch chi'n bersonol. Mae'n debyg 'i fod e'n gyfarwydd â'ch gwaith da chi yn Llunden. Fe awn ni i'r 'lab' mewn munud i chi gael cwrdd eich dau."

"Ydw i'n dod 'ma yn lle rhywun . . . neu oes rhywun wedi gadael?"

Edrychodd Cyrnol Grant yn graff arno am foment.

"O, 'doeddech chi ddim yn gwbod?" meddai.

"Gwbod beth, Cyrnol?"

"Na, wrth gwrs, fedrech chi ddim gwbod, a chithe yn Llunden!"

Gwenodd y Cyrnol gan grychu ei fwstas bach, melyngoch, trwsiadus.

"Rŷch chi yma yn lle Doctor Hort," meddai wedyn.

"Hort? Rwy'i wedi clywed yr enw. Almaenwr yntefe?"

"Ie. Ac roedd e'n gweithio gyda ni 'ma. Ond pan ddaeth sôn am ryfel rhyngon ni a'r Almaen, wel, fe aeth pethe'n annifyr iawn 'ma, fel y gallwch chi ddeall. Fe allwch chi ddychmygu'r sefyllfa ond gallwch chi? Almaenwr yn gweithio ar broject a allai chware rhan bwysig dros ben mewn rhyfel rhwng 'Germany' a Phrydain! I ddweud y gwir wrthoch chi, Doctor Treharne, roeddwn i wedi bod yn poeni ers misoedd am y peth, ac fe es i mor bell â dweud hynny wrth Proffesor Dalton. Fe ddwedodd y Proffesor ar unwaith 'i fod ynte wedi bod yn poeni. Ac fe benderfynwyd ein bod ni'n rhyddhau Dr Hort o'i waith gyda ni 'ma nes bydden ni'n cael sicrwydd nad oedd Hitler yn paratoi am ryfel. Rhyw fis yn ôl fe alwyd Dr Hort mewn i'r swyddfa 'ma i siarad â'r Proffesor a finne. Fe eglurwyd y sefyllfa iddo fe, ac fe ddwedwyd wrtho fe nad cael y 'sac' yr oedd e—dim ond 'suspension' nes bydde ni'n siŵr nad oedd dim rhyfel i fod.''

''Yr *oedd* hi'n sefyllfa ryfedd, Cyrnol, rwyn gallu gweld hynny. Fe allai'r Doctor Hort ddianc dros y môr unrhyw funud â holl gyfrinachau'r Orsaf Arbrofi gydag e! Fe allai hynny fod o help mawr i Hitler!''

''Yn wir. Ond 'dŷch chi ddim yn iawn yn dweud 'holl gyfrinachau'r Orsaf Arbrofi', oherwydd 'doedd Dr Hort ddim yn un o'n gwyddonwyr blaena' ni. Wel, i orffen y stori, fe wrandawodd arnon ni'n ddigon tawel, ac fe gymrodd y 'suspension' mewn ysbryd da cyn belled ag y gallen ni weld . . . ond . . .''

''Beth ddigwyddodd wedyn?'' gofynnodd y Doctor.

''Wel, mae'n debyg fod y peth wedi effeithio arno fe, oherwydd wythnos ar ôl iddo orffen 'ma roedd e'n sâl yn 'i wely a Doctor Wills o'r pentre gydag e bob dydd.''

Bu distawrwydd yn y swyddfa am funud a'r Cyrnol yn edrych yn feddylgar ar y to.

''Ydy e'n wael o hyd?'' gofynnodd y Doctor.

''Fe fues i a staff yr Orsaf 'ma, yn 'i angladd e bythefnos yn ôl.''

''Wel! Wel! Mae'n ddrwg gen i glywed, Cyrnol. Beth oedd achos 'i farwolaeth e?''

''Yn ôl Doctor Wills, mae'n debyg fod 'clefyd y galon'

wedi bod yn 'i flino fe ers peth amser, er na wydde neb yma ddim byd . . . ac mae'n debyg i'r sioc o gael 'i yrru o 'ma fod yn ddigon iddo fe. Roedd e'n byw mewn tŷ gweddol fawr ar yr Orsaf 'ma—hen dŷ oedd yma cyn i ni gyrraedd; Craig-y-don yw 'i enw fe . . . ac mae Proffesor Dalton wedi awgrymu y gallech chi a'ch teulu gael y tŷ 'ma nawr—gan fod tai'n brin iawn yn y pentre 'ma, ac fe fydd rhaid i chi gael rhywle . . ."

"Fe fyddwn i'n falch iawn o gael y tŷ os yw e'n wag, Cyrnol Grant. Oedd Doctor Hort yn byw wrtho'i hunan, 'te?"

"Na, gyda'i wraig—Marlene. Mae hi'n aros gyda Doctor Wills a'i howsciper nawr ers angladd 'i gŵr. 'Dwy'i ddim yn meddwl y bydd hi am fyw yng Nghraig-y-don nawr wrthi'i hunan, beth bynnag. A pheth arall—tŷ i rywrai o staff yr Orsaf 'ma yw e . . . a chan fod Doctor Hort wedi mynd . . . wel . . . fe fydd *rhaid* iddi hi fynd nawr i roi lle i chi."

"Wel, 'charwn i ddim 'i gwthio hi mas . . ."

Bu'r Cyrnol yn meddwl am dipyn, "Hym," meddai wedyn, "gawn ni weld, gawn ni weld. Beth bynnag mae Craig-y-don yn lle digon mawr i'ch teulu chi—a hithe hefyd. Y drwg yw—Almaenes yw hithe, cofiwch. Pe bai rhyfel yn dod . . ."

Canodd cloch y ffôn ar y ddesg o'i flaen.

"Cyrnol Grant," meddai, gan godi'r teclyn at ei glust a'i geg ar unwaith. Mae'n gwrando am dipyn. "O'r gore, Proffesor. O—y—gyda llaw, mae Doctor Treharne gyda fi fan hyn y funud 'ma. Garech chi 'i weld e nawr?" Gwrando eto.

"O'r gore, fe fyddwn ni yna mewn munud." Gosododd y ffôn i lawr.

"Os ŷch chi'n barod, doctor, fe af fi â chi i gwrdd â'ch pennaeth. Rwy'i am eich rhybuddio chi—mae'r Proffesor yn—wel—dipyn yn wyllt 'i dymer weithie. Mae'r gair

81

gwaetha 'mlaena gydag e fynycha—ond mae e'n ddyn caredig iawn, ond deall 'i ffordd e. Dewch.''

*   *   *   *   *

Roedd hi'n chwech o'r gloch bron pan ddychwelodd Doctor Treharne i'r pentre. Cafodd ei wraig a'i ddau blentyn lawr ar lan y môr. Aeth ar hyd y tywod melyn tuag atynt.

"Fuoch chi'n hir, Dadi," meddai Linda.

Cydiodd ei thad am ei hysgwyddau.

"Rwy'i wedi cael tŷ, bobol!" meddai, gan edrych ar ei wraig.

"Do fe wir, John?" gofynnodd ei wraig. "Yma yn Llangïan?"

"Ie, yma yn Llangïan,—heb fod ymhell o'r fan hyn. Tŷ mawr braf a golygfa ardderchog . . ."

"Ble mae e?" gofynnodd Dic.

Pwyntiodd ei dad â'i fys at y clogwyn tywyll fry uwch eu pennau.

Gwelodd y lleill simneiau tenau'n codi i'r nen. Yr oedd hi'n dechrau nosi nawr ac ni allent weld ond *ffurf* y tŷ mawr rhyngddynt â'r awyr, rhyw silŵet llwyd ar "sgrin" ruddgoch y machlud tua'r de-orllewin.

"Hwnna, Idris?" gofynnodd ei wraig.

"Ie."

"O?"

"'Dŷch chi ddim yn swnio'n falch iawn, Beti!"

"Wel . . ."

"Castell Dracula," meddai Dic. Roedd e wedi bod yn gweld y ffilm ddychrynllyd "Dracula" cyn gadael Llundain.

"Nonsens! Mae'r tŷ'n edrych dipyn yn—yn—*dywyll* am 'i bod hi'n dechre nosi ac am 'i fod e lan fanna ar ben y graig. 'Dŷch chi ddim wedi bod yn 'i weld e'n iawn 'to. Rŷn ni'n lwcus iawn i gael 'i gynnig e. 'I enw fe yw Craig-y-don.''

82

Gwenodd ei wraig. "Dewch, mae'n oeri fan hyn, ac mae'n bryd swper beth bynnag. Rwyn siŵr y byddwn ni'n hapus iawn yn Craig-y-don."

Cychwynnodd y pedwar eu ffordd i fyny'r traeth am y gwesty. Wedi cyrraedd y ffordd uwch ben y traeth taflodd Doctor Treharne lygad yn ôl ar y tŷ ar ben y graig. Roedd golau yn un o'r ffenestri! Ond doedd neb yn byw ynddo! Yna roedd y golau wedi diffodd. Ai ei lygaid oedd wedi ei dwyllo? Neu ai golau ola'r machlud a welodd yn y ffenest? Ni ddywedodd air wrth y lleill am y peth. Ond yn y gwely'r noson honno meddyliodd am y peth wedyn. On'd oedd y tŷ'n wag?

*   *   *   *

Trannoeth am dri o'r gloch y prynhawn daeth llais y Prif Weinidog, Mr Neville Chamberlain, dros y radio i gyhoeddi'r newyddion drwg fod y Rhyfel rhwng Prydain a'r Almaen wedi dechrau. O'r diwedd yr oedd y twyllwr, Hitler, wedi dangos yn glir ei fod yn mynd i geisio concro Ewrop i gyd, gan gynnwys Prydain. Nid oedd dim i'w wneud, felly, ond ymladd yn ei erbyn.

Teimlai pawb yn drist iawn wrth wrando geiriau'r Prif Weinidog—yn enwedig yr hen bobl—oedd yn ddigon hen i gofio'r Rhyfel Byd Cyntaf—hwnnw hefyd rhwng Prydain a'r Almaen. O, roedd llawer iawn o filwyr dewr wedi colli eu bywydau yn y rhyfel hwnnw! A oedd y rhyfel yma'n mynd i fod yn un mor hir ac mor chwerw?

Yn y prynhawn roedd y ddau blentyn, Linda a Dic, i lawr ar lan y môr unwaith eto, a Doctor Treharne i fyny yn yr Orsaf Arbrofi. Eisteddai Mrs Treharne yn ei hystafell yn y gwesty yn sgrifennu llythyron i rai o'i chyfeillion yn Llundain. Ond wedi clywed y newyddion drwg ni theimlai fel sgrifennu dim rhagor. Eisteddai wrth y ffenest yn edrych allan ar y môr, ac i fyny weithiau tuag at y tŷ ar y graig a'r Orsaf Arbrofi.

Daeth cnoc ar y drws. Cododd a mynd i'w ateb. Safai dynes fach, mewn dillad duon ar y trothwy. Gwelodd Mrs Treharne ddau lygad glas, mawr yn edrych arni. Roedd rhywbeth yn ddiniwed yn yr edrychiad—fel edrychiad plentyn, meddyliodd, ac eto roedd hon yn ddynes mewn oed a'i gwallt yn dechrau gwynnu.

"Mrs Treharne?" meddai'r ddynes fach.

"Y . . . ie . . . ond 'dwy'i ddim yn meddwl . . ."

"'Dŷch chi ddim wedi ngweld i o'r blaen, Mrs Treharne. Ga' i . . ."

"Dewch mewn. Eisteddwch fan hyn."

"Mrs Hort ydw i, Mrs Treharne—Marlene Hort."

"O! Rwy'i wedi clywed 'y ngŵr yn sôn amdanoch chi, neu o leia am Dr Hort. Roedd yn ddrwg iawn gen i glywed am eich colled chi, Mrs Hort."

"Diolch i chi. Fe ddigwyddodd y peth mor sydyn, Mrs Treharne. Fe wyddwn i fod Carl, druan, yn diodde oddi wrth glefyd y galon. Ond wyddwn i ddim fod dim perygl. A nawr mae'r rhyfel wedi dod, Mrs Treharne. O, roedd Carl yn ofni bydde hyn yn digwydd rhwng Prydain a 'Germany'! Roedd e'n caru Prydain ŷch chi'n gweld—a fi hefyd. Rydw i wedi byw yn Lloegr—Cymru—ers deg mlynedd gyda Carl. Roedden ni'n dau yn hapus. Ond roedden ni'n caru 'Germany', lle cawson ni'n geni, hefyd, wrth gwrs. Caru'r ddwy wlad, Mrs Treharne—a nawr mae'r ddwy wlad yn ymladd . . ."

Roedd dagrau gloywon yn y ddau lygad glas, diniwed yn awr.

Ni wyddai Mrs Treharne beth i'w ddweud. "Mae'n debyg y byddwch chi'n gadel Llangïan nawr, Mrs Hort?" meddai ymhen tipyn.

"Gadel Llangïan! Rwyn gobeithio na fydd dim rhaid i fi, Mrs Treharne. Fe ddaethon ni yma ddwy flynedd yn ôl, ac mae gen i lawer o ffrindie 'ma. A pheth arall, mae Carl wedi 'i gladdu ym mynwent yr eglwys. 'Dwy'i ddim am adael 'i fedd e heb flode.''

Yn sydyn fe wyddai Mrs Treharne beth oedd neges y ddynes fach, a dechreuodd deimlo'n anesmwyth iawn.

"Rwy'i wedi clywed eich bod chi'n mynd i fyw i Craig-y-don, Mrs Treharne." meddai'r Almaenes.

"Y . . . ydyn . . . mae Cyrnol Grant . . .''

"Fe ffoniodd neithiwr, Mrs Treharne. Fe wyddwn i, wrth gwrs, na allwn i ddim parhau i fyw 'na wrth 'yn hunan. Tŷ i rywun ar staff yr Orsaf yw e wedi bod. Ond rown i'n meddwl . . . y . . . wel mae Craig-y-don yn dŷ mawr iawn . . . chwech stafell ar lawr a chwech ar y llofft. Fyddech chi a'ch gŵr yn fodlon i fi gael dwy stafell—un ar y llofft ac un ar y llawr? Dim ond tair stafell yn y tŷ oedd fy ngŵr a finne'n ddefnyddio pan oedden ni'n byw 'na. Pe byddech chi a'ch gŵr yn fodlon . . . y . . . fe fyddwn i'n fodlon gweithio fel morwyn i chi a'r doctor. Rwyn gallu coginio yn go dda rwyn meddwl a . . .''

"Madam Hort!" meddai Mrs Treharne ar draws y ffrwd geiriau, "rwy'i am i chi ddeall na alla' i ddim trafod y mater yma ymhellach gyda chi nes bydda i wedi gweld y tŷ ac wedi cael cyfle i drafod y mater gyda 'ngŵr a Cyrnol Grant.''

"Cyrnol Grant?"

"Ie, fe fydd rhaid rwyn meddwl . . . wedi'r cyfan . . .'' Stopiodd yn sydyn wrth sylweddoli ei bod hi ar fin dweud rhywbeth a fyddai'n siŵr o frifo teimladau'r ddynes fach. Ond roedd honno wedi synhwyro beth oedd yn ei meddwl, oherwydd dywedodd, â'r dagrau yn ei llygaid,

"Wedi'r cyfan, Almaenes ydw i, ac mae rhyfel rhwng yr Almaen a Phrydain. 'Does bosib fod ofn un Almaenes—hen wraig fach fel fi—ar y Cyrnol, Mrs Treharne?'' Ceisiodd wenu trwy ei dagrau. Gwenodd Mrs Treharne hefyd. Sut gallai neb ddrwgdybio'r hen wraig fach 'ma a'r llygaid dol—Almaenes neu beidio!

"Madam Hort," meddai, gan godi o'i chadair a rhoi ei

llaw ar ysgwydd yr Almaenes, "mae'n ddrwg gen i! O'm rhan i'n hunan—os oes digon o le fel rŷch chi'n dweud—fe fydd yn dda gen i'ch cael chi i fyw gyda ni yng Nghraig-y-don. Ond fe fydd *rhaid* i fi siarad â ngŵr—a'r Cyrnol."

"O, rŷch chi'n garedig iawn, Mrs Treharne. Rhaid i chi faddau i fi. Ond dwy'i ddim yn hoffi cael 'y nrwgdybio gan neb. Ond fe fydd rhaid i fi ddeall fod pethe'n wahanol nawr oherwydd y rhyfel. Rwyn addo i chi—os bydd eich gŵr a'r Cyrnol yn cytuno i fi gael dwy stafell yn Craig-y-don—na fydda i ddim o'r ffordd nac yn achosi trwbwl i neb."

"Wrth gwrs na fyddwch chi!"

Cododd y wraig fach o'i chadair yn awr ac agorodd ei bag-llaw. Tynnodd allan allwedd.

"Dyma hi, allwedd Craig-y-don, Mrs Treharne. Gobeithio y byddwch chi a'ch teulu'n hapus iawn 'na—ar waetha'r rhyfel a phopeth. Fe fu Carl a finne'n hapus iawn yna beth bynnag." Dihangodd ochenaid fach drist dros ei gwefusau. Yna aeth am y drws.

*   *   *   *

Ar ôl iddi fynd aeth Mrs Treharne ar unwaith i ffonio'i gŵr yn yr Orsaf Arbrofi. Bum munud yn ddiweddarach roedd hwnnw'n sefyll o flaen desg Cyrnol Grant yn adrodd yr hyn oedd wedi pasio rhwng ei wraig a Mrs Hort.

"Mae wedi gofyn a all hi gadw dwy stafell yn y tŷ, Cyrnol," meddai.

"Wel nawr! Fe ffonies i iddi neithiwr i ddweud y bydde'ch gwraig am yr allwedd. A beth yw barn eich gwraig, Doctor?"

"Wel . . . mae hi'n fodlon, os oes digon o le . . ."

"O, mae 'na ddigon o le. Ond . . ."

"Ydych chi'n meddwl fod risg—am 'i bod hi'n Almaenes?"

"Risg?" Chwarddodd y Cyrnol, "Na, 'dwy'i ddim yn

meddwl am funud. Ydych chi wedi cwrdd â Marlene Hort, Doctor?"

"Y . . . na."

"Wel—gwraig fach â gwallt gwyn a golwg ddiniwed fel plentyn—dyna Marlene Hort i chi. Ond, gan mai Almaenes yw hi, fe fydd rhaid cadw llygad arni nawr, wrth gwrs. Fe fydd rhaid cadw llygad ar bob Almaenwr yn y wlad i gyd nawr a'r rhyfel wedi dechre. Ac wedi meddwl, Doctor—pa ffordd well o gadw llygad ar Mrs Hort na'i rhoi hi i fyw gyda chi a'ch teulu yng Nghraig-y-don? Ie—pam lai? Dwedwch wrth eich gwraig nad oes gen i ddim gwrthwynebiad. Yn wir, fe fydda i'n teimlo'n fwy hapus yn 'i chylch hi os caiff hi le gyda chi. Mae'n unig iawn arni wedi claddu Carl . . ."

Y prynhawn hwnnw ar ôl te gadawodd Doctor Treharne ei waith yn yr Orsaf ac aeth gyda'i wraig a'r plant i fyny'r lôn hir i ben y clogwyn, ac i Graig-y-don.

Edrychai'r lle yn aflêr iawn ac roedd llond yr ardd o chwyn a hwnnw nawr yn dechrau gwywo'n wyn. O gwmpas gwaelod y waliau tyfai mwsog gwyrdd.

Rhoddodd Mrs Treharne yr allwedd yn y clo. Agorodd y drws gan wichian ar ei echel. Aeth y sŵn trwy'r tŷ gwag.

"Fe fydd eisie tipyn o oel ar hwnna, Rhisiart," meddai'r Doctor wrth ei fab. Cawsai ei fab ei fedyddio'n Richard ond dim ond ei fam a alwai Richard arno. Galwai bron pawb ef yn Dic—ond ei dad, a fyddai bob amser yn defnyddio'r ffurf Gymraeg, sef Rhisiart. Bachgen swil iawn oedd Dic Treharne, ac un ofnus hefyd. Ni fyddai byth yn chware socer, rygbi na chriced na dim felly yn yr ysgol. Byddai'n gwrido pan fyddai pobl mewn oed yn ceisio siarad ag ef, ac yn wir, yn dawel bach, roedd ei dad a'i fam yn gofidio tipyn amdano. Ond roedd e'n ddarllenwr mawr, ac ef oedd y chwaraewr gwyddbwyll gorau yn yr ysgol. Gwisgai sbectol ag ymyl ddu iddi, a byddai'n edrych dros ben honno, gan blygu ei ben, pan fyddai am weld dipyn ymhellach na'i drwyn.

Aethant i gyd ar hyd coridor hir, a thipyn yn dywyll, nes dod i stafell fawr, wag. Nid oedd yr un dodrefnyn na dim ynddi ac roedd llwch yn wyn dros y llawr a'r silff ben tân.

Wedi cerdded o gwmpas y tŷ cawsant fod y rhan fwyaf o'r stafelloedd yn wag ac yn yr un cyflwr â'r un gyntaf a welsant. Ond wedyn daethant at un oedd yn wahanol. Yn honno roedd dodrefn costus yr olwg—soffa a dwy gadair esmwyth, bwrdd mahogani, cypyrddau a silffoedd yn llawn llyfrau trwchus.

"Dyma stafell fyw Doctor Hort a'i wraig," meddai Mrs Treharne.

Roedd llun dyn wyneb-cul, talcen-llydan uwchben y silff ben tân. Edrychai'n ddyn golygus iawn.

"Doctor Hort," meddai Doctor Treharne.

"Oeddech chi'n 'i nabod e, Dadi?" gofynnodd Linda.

"Na, ond rwy wedi gweld 'i lun e yn y papure—roedd e'n ddyn go enwog. Mae gen i lyfr o'i waith e hefyd, ac mae 'i lun e yn hwnnw."

Bu'r pedwar yn edrych ar y llun am foment.

"Gyda llaw," meddai'r Doctor wedyn, "a siarad am luniau—mae Cyrnol Grant am gael llun o bob un ohonon ni."

"Ni?"

"Ie, Beti, chi a Rhisiart a Linda 'ma."

"I beth, Dadi?" gofynnodd Linda.

"'Security,' cariad. Rhag ofn y bydd rhywun yn ceisio dweud mai *chi* ydyn *nhw,* os ŷch chi'n deall? Mae albwm mowr o lunie'r staff yn y gardrwm, ac fe fydd eich llunie chi ynddo fe pan fydd Cyrnol Grant wedi cael amser i cael nhw wedi'u tynnu."

"Mae e'n edrych yn *'brainy'* ond yw e, Dadi?" meddai Linda, gan ddal i edrych ar lun yr Almaenwr ar y wal.

Gwenodd Doctor Treharne ar ei ferch.

"Yn fwy *'brainy'* na fi, Linda? Dewch, i ni gael gweld y stafelloedd eraill."

Wedi mynd trwy stafelloedd y tŷ i gyd a'i gael yn fwy nag oedden nhw wedi tybio, rhoddodd Doctor Treharne ei law ar ysgwydd Linda.

"Wel, beth am Graig-y-don, Linda?" gofynnodd.

Aeth yr eneth at y ffenest ac edrych allan. Gwelodd ehangder mawr o fôr aflonydd o flaen ei llygaid. Roedd hwnnw yn awr yn aur i gyd gan fod yr haul yn machlud. Gwelodd y gwylanod yn chwyrlïo o gwmpas y dibyn anferth oedd yn disgyn i'r gwaelodion ychydig lathenni o ddrws ffrynt y tŷ. Er fod yr olygfa'n codi peth dychryn arni, teimlai ei bod yn brydferth dros ben.

"Smashing!" meddai, gan droi nôl at ei thad.

"Ti a dy 'smashing'!" meddai'r Doctor, gan daro'i law'n chwareus ar ei phen ôl.

Aeth pythefnos heibio cyn i'r teulu allu symud i mewn i Graig-y-don. Erbyn hynny roedd llawer o fywydau wedi eu colli yn y rhyfel a llawer o longau wedi eu suddo ar y môr. Yn wir, edrychai fel pe bai Hitler yn ennill y brwydrau ymhob man.

Roedd Mrs Hort wedi symud yn ôl yno ar unwaith, ond bu rhaid i'r Doctor a'i deulu aros hyd nes oedd eu dodrefn wedi cyrraedd o Lundain. Aeth deng niwrnod heibio cyn i'r lori fawr lanio yn Llangïan a gofyn ei ffordd i Graig-y-don. Ond yn y cyfamser roedd Mrs Treharne wedi bod yn brysur yn papuro'r waliau a phrynu carpedi ar y llawr. Fe fu Mrs Hort yn ei helpu. Yn wir, teimlai weithiau na fyddai byth wedi dod i ben â'r gwaith oni bai am gymorth y wraig fach â'r llygaid gleision. Yn ystod y dyddiau hynny daeth y ddwy wraig yn gyfeillion mawr a theimlai Mrs Treharne yn falch iawn ei bod hi a'i gŵr wedi caniatáu iddi gael dwy stafell yn y tŷ mawr.

Erbyn hyn hefyd roedd y ddau blentyn wedi gorfod mynd i'r ysgol.—Linda i'r ysgol gynradd yn y pentre a Dic i'r Ysgol Uwchradd yn y dre, ddwy filltir i ffwrdd. Roedd ei dad wedi prynu beic newydd iddo i deithio yno ac yn ôl bob dydd.

Ond o'r diwedd daeth y diwrnod pwysig—diwrnod symud i mewn i'w cartref newydd fry ar y graig uwch ben y môr.

Gyda'r carpedi newydd ar y lloriau a'r papur lliwgar, newydd ar y waliau, edrychai'r hen dŷ yn glyd ac yn hardd. Ond y noson gyntaf honno, dim ond Linda a lwyddodd i gysgu trwy'r nos. Fe fu Dic ar ddi-hun am oriau yn gwrando ar sŵn y gwynt, ac ar sŵn y tonnau'n growlan wrth waelod y dibyn. Tu fewn i'r tŷ hefyd roedd rhyw synau rhyfedd. Sŵn tebyg iawn i gnocio, neu sŵn traed yn cerdded o gwmpas, a rhyw sibrydion uchel na allai benderfynu o ble roedden nhw'n dod. Bu'n troi a throsi yn ei wely am oriau. Rywbryd yn ystod y nos cododd a rhoi pâr ar y drws, am fod ofn arno fod rhywun yn mynd i ddod i mewn i'r ystafell unrhyw funud. Teimlai gymaint o ddychryn, rywsut, fel nad oedd modd mynd i gysgu. Bu'n meddwl unwaith am groesi'r landin i stafell ei fam a'i dad, ond ofnai mai chwerthin am ei ben a wnâi'r ddau. Yna meddyliodd yn siŵr iddo glywed drws yn agor a thraed distaw ar y landin tu allan. Faint o'r gloch oedd hi? Rhaid ei bod yn ddau o'r gloch o leia! Pwy oedd yn cerdded o gwmpas yr amser yna o'r nos? Yna meddyliodd, efallai, mai rhywun fel fe 'i hunan, yn methu cysgu, ydoedd. Ei dad efallai. Cododd o'i wely a mynd am y drws yn y tywyllwch. Tynnodd y pâr yn ddistaw—roedd ei dad ac yntau wedi bod yn oelio pob drws a phob clo dridiau ynghynt. Agorodd y drws gan bwyll bach. Gwelodd olau torts drydan yn symud ar y grisiau. Roedd rhywun yn mynd i lawr. Gwthiodd ei ben allan trwy'r drws a gwelodd mai dynes oedd hi. Nid ei fam—roedd hi'n llai na honno. Roedd hi'n fwy na Linda—Mrs Hort!

Gwelodd hi'n cyrraedd gwaelod y grisiau ac yn mynd tuag at ddrws ei stafell ei hunan ar y llawr. Agorodd y drws ac aeth i mewn. Caeodd y drws wedyn—a'r cyfan heb wneud yr un smic o sŵn.

Caeodd Dic ei ddrws yntau ac aeth yn ôl i'w wely. Ai methu cysgu oedd y wraig fach hefyd? Rywsut, fe deimlai lai o ofn o wybod fod Mrs Hort ar ddi-hun ac ar lawr. Cyn bo hir roedd e'n cysgu'n drwm.

Trannoeth am ei bod yn ddydd Sul, gwahoddwyd Mrs Hort i gymryd ei chinio gyda'r Doctor a'i deulu. Wrth gychwyn bwyta dywedodd y Doctor,

"A! Rown i'n methu cysgu neithiwr. 'Gysgoch chi'n iawn, Mrs Hort..."

"Do, drwy'r nos," oedd yr ateb. Edrychodd Dic yn syn arni ond ni ddywedodd air.

Aeth pythefnos heibio. Erbyn hynny roedd Mrs Treharne hefyd wedi cael gwaith yn yr Orsaf. Gweithio ar y compiwter mawr oedd newydd gyrraedd yno a wnâi hi. Yr oedd Doctor Treharne yn awr yn gweithio gyda'r Pennaeth ei hunan ac yn gwneud gwaith pwysig iawn gyda Radar a Rocedi. Ond y peth mawr oedd—y *radar*. Hwn oedd yn mynd i achub Prydain, meddai Profesor Dalton. Hwn fyddai'n galluogi morwyr a milwyr ac awyrenwyr Prydain i ddod o hyd i'r llongau tanfor oedd ar y pryd yn gwneud cymaint o niwed i longau ar y môr. Hwn oedd y "Llygad" a allai weld yn y nos, mewn niwl neu mewn storm. A 'doedd Hitler ddim yn gwybod amdano.

"Dyna gyfrinach y mae'n rhaid i ni ei chadw, Doctor Treharne," meddai'r Proffesor gan blygu uwch ei fainc yn ei labordy. "Radar yw un o gyfrinachau mwya'r rhyfel 'ma, wyddoch chi!"

"Oedd Doctor Hort yn gwybod, Proffesor?" gofynnodd Doctor Treharne.

Cododd y Proffesor ei ben gwyn fel eira, ac edrychodd i lygaid yr holwr.

"Mae Doctor Hort wedi marw, felly 'dyw hi ddim o bwys a oedd e'n gwybod ai peidio. Ond rwy'i bron yn siŵr nag oedd e. Gweithio ar yr hen gompiwter oedd Hort, yn gwneud fy syms i—bwydo ffigurau cymhleth i'r peiriant a dod â'r atebion i fi. 'Does gen i ddim rheswm i gredu 'i fod e'n gwybod ein bod ni wedi darganfod sut i ddefnyddio radar mewn rhyfel. 'Doedd dim rhyfel pan oedd e 'ma beth bynnag.''

"Radar neu beidio, Proffesor, mae'r newyddion am ein llongau ni'n bur ddrwg o hyd. Mae llongau mawr, sy'n cludo bwyd o America—yn cael 'u suddo bob dydd.''

"Ydyn gwaetha'r modd, Doctor. Ond arhoswch chi nes bydd radar ar bob llong, yna fe fydd y morwyr yn gallu dilyn y llong danfor ar y sgrîn fach . . . cyn bo hir 'fydd gan Hitler ddim sybmarîns ar ôl—fe fyddwn ni wedi'u suddo nhw bob un—gyda help radar!''

Roedd llygaid y Proffesor yn fflachio, a gwyddai'r Doctor na thalai hi ddim i ddadlau ag ef y funud honno.

"A phan fyddwn ni'n gallu saethu roced i'r awyr—a honno'n cael 'i llywio gan radar—i ddisgyn yn union ar ben Hitler yn Berlin—yna fe fydd y rhyfel yn dod i ben—a radar fydd wedi ennill y frwydyr i ni.

Ond mae gyda ni waith cyn gallwn ni wneud peth felna—llywio roced i Berlin. Ond dim ond amser sydd eisiau arnon ni, cofiwch. Y gwaetha yw, 'does na ddim amser! Mae'r rhyfel 'ma wedi dod dipyn rhy fuan.''

"Piti iddo ddod o gwbl!'' meddai'r Doctor.

*   *   *   *

Fel yr âi'r dyddiau, neu'r nosau heibio, roedd Dic Treharne yn dal i fethu â chysgu. Weithiau fe âi i gysgu'n gynnar—yn union ar ôl mynd i'r gwely, ond byddai sŵn y gwynt neu ryw sŵn arall, yn ei ddeffro. Yna byddai ar ddi-hun am oriau, yn troi a throsi yn ei wely.

O'r diwedd dechreuodd y diffyg cwsg gael effaith ddrwg ar ei iechyd. Sylwodd ei fam ei fod wedi mynd yn llwyd ac yn nerfus iawn. Nid oedd yn gwneud ei waith cartref nac yn cymryd fawr iawn o ddiddordeb mewn llyfrau, nac mewn dim byd arall, a dweud y gwir.

"Beth sy'n bod arnat ti, Richard?" gofynnodd ei fam iddo'n sydyn un diwrnod.

"Fi? Dim. Beth ŷch chi'n feddwl?" atebodd y bachgen.

"Rwyt ti wedi mynd i edrych yn llwyd iawn . . . ac yn denau hefyd . . . 'does dim byd yn dy flino di oes e?"

"Y . . . na."

"'Dwyt ti ddim yn hiraethu am Llunden wyt ti?"

"Na, ddim o gwbwl, mam, wir i chi."

"Ond mae *rhywbeth* yn bod ond oes e? Falle bod gwell galw'r Doctor—Doctor Wills o'r Pentre—i gael golwg arnat ti. 'Wnâi hynny ddim un drwg beth bynnag."

"Ond 'does dim byd yn bod arna' i w! Dim ond 'mod i'n methu cysgu ambell nosweth . . ."

"Methu cysgu? Ond pam, cariad?"

"Wel . . . mae rhyw sŵn yn y nos—y gwynt falle—wn i ddim—yn 'y nghadw i ar ddi-hun."

Edrychodd ei fam yn graff arno am funud.

"Oes, mae yna ryw synau yn y tŷ 'ma, Richard; rwy'i'n hunan wedi'u clywed nhw. Mae'n debyg mai'r ffaith fod y tŷ yn hen . . . a lan fan hyn ar ben y graig lle mae e'n dala'r gwynt o'r môr, sy'n gyfrifol. 'Does 'na ddim byd i'w ofni."

"Na," meddai Dic yn dawel.

"Fe ddôi di'n gyfarwydd â'r sŵn, Dic—gei di weld. Cyn bo hir fe fyddi di'n cysgu heb glywed dim."

Ond y noson honno ar ôl cael y sgwrs yma â'i fam, gorweddai Dic yn ei wely ar ddi-hun.

Barnai ei bod yn hwyr iawn—tua hanner awr wedi un neu ddau o'r gloch y bore. Unwaith eto clywodd sŵn drws yn agor a chau'n ddistaw. Yna clywodd sŵn traed ar y landin. Ac fel o'r blaen cododd Dic o'i wely a mynd at ddrws ei ystafell a'i agor yn dawel bach.

Gwelodd Mrs Hort â'i thorts yn ei llaw, yn mynd i lawr y grisiau a thuag at ei hystafell ei hunan. Ar ôl cyrraedd honno aeth i mewn a chau'r drws. Meddyliodd Dic iddo ei chlywed yn cloi'r drws!

Am dipyn safodd y bachgen ar y landin—yn meddwl. Pam roedd y ddynes fach yn codi o'i gwely yn nyfnder nos fel hyn o hyd? A pham roedd hi wedi dweud—pan ofynnodd ei dad iddi wrth y bwrdd cinio—ei bod wedi cysgu'n dda'r noson gynt? Roedd hi wedi dweud celwydd. Ac yn awr roedd hi yn ei hystafell a'r drws wedi'i gloi. Pam? Beth oedd yn mynd ymlaen?

Yn sydyn fe benderfynodd ei fod yn mynd i lawr y grisiau ar ei hôl i geisio darganfod cyfrinach yr Almaenes fach â'r llygaid gleision. Er ei fod yn crynu gan ofn aeth i lawr yn ddistaw dros y grisiau tywyll. Gallai weld llinyn o olau'n dod allan dan ddrws ystafell Mrs Hort. Daeth at y drws hwnnw heb wneud dim sŵn. Plygodd a rhoi ei lygad yn nhwll y clo.

Am foment ni allai weld dim ond y wal gyferbyn lle roedd llun y Doctor—gŵr Mrs Hort yn hongian. Yna cerddodd Mrs Hort rhyngddo a'r llun a sefyll ar ganol llawr yr ystafell. Gallai weld ei hwyneb yn glir. Roedd golwg wyllt, hapus arni ac roedd ei gwefusau'n symud fel pe bai'n siarad â hi ei hunan. Yna roedd hi wedi symud o'r neilltu ac ni allai ei gweld o gwbwl. Ond yr eiliad nesaf llamodd ei galon i dwll ei wddf pan welodd ffurf dyn yn sefyll o'i flaen! Ar y dechrau roedd cefn y dyn ato ac ni allai weld ei wyneb. Pwy oedd e? Ac o ble roedd e wedi dod? Yna trodd y dyn yn sydyn i wynebu'r drws. Bu bron i Dic, druan, roi sgrech pan welodd wyneb y dyn. Roedd e'n wyn fel wyneb dyn marw. Ond yr hyn a dynnodd ei sylw'n bennaf oedd y graith las, hyll a redai ar draws talcen gwelw'r dyn. Gwnâi'r graith honno i'r wyneb i gyd edrych yn fileinig dros ben. Yna sylweddolodd Dic fod y dyn yn dod am y drws! Rhedodd am y grisiau ac i fyny dair gris ar y tro. Clywodd y drws yn agor o'r tu ôl iddo. Ond erbyn hynny roedd ef wedi cyrraedd cysgod y landin uwchben. O ddrws agored ei stafell wely gwelodd y dyn yn mynd am ddrws cefn y tŷ. Clywodd hwnnw'n agor a chau'n ddistaw bach.

Aeth Dic yn ôl i'w wely a dechreuodd feddwl o ddifri am yr hyn roedd e wedi'i weld. Roedd e'n crynu gan ddychryn oherwydd roedd e'n credu'n siŵr erbyn hynny mai yr un oedd yr wyneb gwyn yna a welsai, â'r un yn y llun a oedd yn hongian ar y wal yn stafell Mrs Hort,—y llun a welsai pan ddaethon nhw gynta i weld y tŷ. Ond roedd Doctor Hort wedi marw! Yn fwy na hynny, roedd e wedi ei gladdu yn y fynwent yn y pentre; waeth roedd Linda a'i fam wedi mynd gyda Mrs Hort ar fore Sadwrn â blodau ar ei fedd. Felly nid Doctor Hort oedd y dyn a welodd trwy dwll y clo â golwg mor fileinig arno. Peth arall, roedd y graith las ofnadwy yna ar dalcen y dyn a welodd ef, ond 'doedd dim craith o gwbwl ar wyneb y dyn yn y llun. Ac eto roedd y ddau wyneb yn debyg, rywsut. Yn y tywyllwch â'i ben o dan y dillad, cofiodd am y ffilm 'horror' arall honno a welsai yn y sinema yn Llundain. 'Ffrankenstein' oedd ei henw, ac yn honno roedd gwyddonydd wedi gwneud dyn byw o ddarnau o . . . Teimlai fel sgrechian yn uchel wrth feddwl am y creadur hyll hwnnw'n cerdded o gwmpas. Roedd creithiau ar wyneb hwnnw hefyd—creithiau mawr . . . A oedd Hitler wedi dysgu'r ffordd i wneud dyn marw'n fyw drachefn? Roedd pawb yn dweud mai diafol oedd Hitler . . . ac roedd y diafol yn medru gwneud pob math o ddrygioni.

Roedd ei feddyliau'n gawdel i gyd. Drwy'r nos honno bu'n cysgu tipyn a dihuno wedyn bob yn ail. Pan fyddai'n cysgu breuddwydiai bethau rhyfedd a dychrynllyd, ac erbyn y bore roedd e'n teimlo mor gymysglyd fel na wyddai'n iawn ai breuddwydion oedd y *cyfan* a ddigwyddodd yn ystod y nos ai peidio. Erbyn y bore hefyd fe wyddai ei fod yn sâl. Roedd gwres yn ei gorff a thipyn o chwys oer ar ei dalcen. Daeth ei fam i mewn i'w ystafell a thynnu'r llenni yn ôl.

"Wyt ti ddim yn mynd i godi heddi, Richard?"

"Y . . . mae gwres . . . rwy'n sâl, rwyn meddwl."

"O dier! Wyt ti ddim wedi cael yr hen ffliw 'ma sy' obutu'r lle, wyt ti?"

"Na . . . y . . . 'dwy'i ddim yn gwbod. Mae 'mhen i'n dost."

"Rwyt ti wedi cael y ffliw, gei di weld. Wel, fe gei di aros yn y gwely heddi . . ."

"Ond . . ."

"Na, Richard . . ." gan roi ei llaw ar ei dalcen, "mae dy wres di lan, machgen i. Fe gaiff Dadi ffonio Doctor Wills, ac fe ofynna i i Mrs Hort edrych ar dy ôl di nes do' i adre prynhawn 'ma."

"Mam, na . . .!"

"Nonsens, Richard! Fe gei di foddion i wella gan Dr Wills, ac fe gei di bob gofal gan Mrs Hort. Fe ddo' i â thipyn bach o frecwast i ti cyn mynd am yr Orsaf."

Gyda hynny roedd hi wedi mynd allan o'r ystafell a gadael Dic, druan, yn teimlo'n sâl reit.

Ni lwyddodd i fwyta dim ond y tamaid lleiaf o dost gyda'r te poeth a ddygodd ei fam iddo. Y tro hwn daeth â Mrs Hort gyda hi i weld y claf.

"Ewch chi, Mrs Treharne," meddai honno, "fe fydda' i'n gofalu am y claf, rwyn addo i chi."

Ond edrychai Dic arni mewn dychryn am ei fod yn meddwl o hyd am yr hyn roedd e wedi'i weld y noson gynt—yn iawn neu mewn breuddwyd—nid oedd yn siŵr o gwbwl erbyn hyn. Fe deimlai fel gofyn i'w fam beidio â mynd i'r Orsaf y bore hwnnw, ond gwyddai na fyddai'n gwrando arno.

"Pryd dechreuoch chi deimlo'n sâl, Dic?" gofynnodd Mrs Hort, gan eistedd yn ymyl ei wely ac edrych arno â'i llygaid gleision fel llygaid dol.

"Neithiwr . . . y . . . bore 'ma rwyn meddwl."

"'Gysgoch chi'n iawn neithwr?" Roedd y llygaid gleision yn edrych yn daer arno.

"Y . . . do . . . Ydy Linda wedi mynd i'r ysgol?" Roedd e'n awyddus i droi'r siarad oddi wrth yr hyn oedd wedi digwydd y noson gynt.

"Do. Roedd eich mam yn meddwl mai gwell iddi beidio dod i'ch gweld chi rhag ofn iddi gael y ffliw—os mai'r ffliw sy arnoch chi, wrth gwrs. Fe ddaw'r doctor cyn bo hir—fe gawn ni weld wedyn."

Ac yn wir, am ddeg o'r gloch, fe ddaeth y doctor. Clywodd Dic ei lais ar y grisiau.

"Faint yw oed y bachgen, Mrs Hort?"

"Deuddeg. Mewn fan hyn, Doctor."

Dyn tal pwysig yr olwg, oedd Dr Wills. Roedd ganddo fag yn ei law, ac aeth yn syth at y gwely ac eistedd arno.

"Wel, fachgen, be' sy'n bod—hym?"

Ni ddywedodd Dic ddim.

"Pen tost?"

"Dipyn bach."

"Hym—hym." Tynnodd thermomedr o'i fag a thorts fechan hefyd. Gwthiodd y thermomedr i geg Dic.

"Cau'r gwefuse'n dynn nawr te," meddai. Cydiodd yng ngarddwrn y bachgen i deimlo curiad y galon. Bu distawrwydd yn y stafell am dipyn. Yna tynnodd y doctor y thermomedr o'i geg ac edrych arno.

"Hym," meddai. Yna gofynnodd i Dic agor ei geg a goleuodd y dorts fach i edrych i mewn.

"Hym. Od iawn," meddai, gan edrych i wyneb Dic am foment hir.

"Y ffliw, Doctor Wills?" gofynnodd Mrs Hort.

Ysgydwodd y doctor ei ben. "Na, 'dwy'i ddim yn meddwl . . . 'dwy'i ddim yn meddwl . . . ac eto . . . Mi rodda' i dabledi iddo fe . . . oes tipyn o ddŵr iddo fe gael 'u cymryd nhw?"

"Mi a' i i mofyn dŵr, doctor." Aeth Mrs Hort allan.

"Beth yw'r trwbwl, fachgen?" gofynnodd y doctor ar ôl iddi fynd.

Ysgydwodd Dic ei ben.

"Oes rhywbeth wedi dy ypsetio di, neu rywbeth?"

Edrychodd Dic yn syn arno. Yna roedd e'n siarad heb yn wybod iddo'i hunan ac yn teimlo rhyw ryddhad mawr o gael dweud yr hyn oedd yn pwyso ar ei feddwl wrth rywun.

"Rown i'n methu cysgu neithwr . . . ac fe glywes i sŵn . . . sŵn Mrs Hort yn mynd lawr y grisie . . . roedd hi'n hwyr iawn . . . tua dau o'r gloch . . . Fe godes i o'r gwely a mynd mas i ben y landin . . . roedd hi'n mynd mewn i' stafell hi i hunan . . . wedyn fe es i lawr . . . a . . . a . . . pipo trwy dwll y clo . . . ac fe weles i . . ." Stopiodd am na wyddai sut i ddweud beth oedd e wedi'i weld.

Y doctor oedd yn edrych yn syn yn awr. Aeth Dic yn ei flaen yn frysiog oherwydd gwyddai y byddai Mrs Hort yn dod yn ôl mewn munud, a byddai'n rhy hwyr wedyn.

"Fe weles i ddyn marw . . . Doctor Hort oedd e rwyn meddwl . . . rwy'i wedi gweld 'i lun e . . . ond roedd 'i wyneb e'n wyn fel wyneb dyn marw ac roedd craith las ar draws 'i dalcen e—fel—fel y 'monster' yn y ffilm Ffrankenstein—fel pe bydde'r croen wedi cael i wnio . . ."

Yr eiliad nesaf daeth Mrs Hort yn ôl.

"Dyma'r dŵr, doctor," meddai.

"'Dwy'i ddim yn siŵr y bydd 'i eisie fe wedi'r cyfan, Mrs Hort."

"O?"

"Mae'r bachgen 'ma wedi bod yn methu cysgu . . ."

"Ond fe ddwedodd wrthw i gynne fach . . ."

"Ie, wel, na hidiwch am hynny nawr, Mrs Hort. Mae e wedi cael rhyw freuddwydion cas iawn neithwr, medde fe. Rwyn meddwl y rhodda' i 'injection'—pigiad fach—iddo yn 'i fraich iddo gael mynd i gysgu'n iawn am dipyn. Fe fydd e'n well wedyn, rwyn siŵr."

Ni ddywedodd Dic ddim un gair. Roedd e'n siomedig fod y doctor yn awgrymu mai wedi *breuddwydio'r* cyfan oedd e, ac roedd e'n teimlo'n nerfus iawn ynglŷn â'r pigiad. Ofnai y byddai'r doctor yn dweud wrth Mrs Hort yr hyn roedd e newydd ei adrodd wrtho.

Caeodd ei lygaid oherwydd roedd ei ben wedi dechre brifo'n arw eto.

Ond agorodd hwy led y pen pan deimlodd y doctor yn cydio yn ei fraich dde. Gwelodd fod y chwistrell â'r nodwydd fain yn ei law. Yr eiliad nesaf roedd y nodwydd yn ddwfn yn ei fraich a theimlodd frathiad o boen.

Dechreuodd deimlo'n swrth ac yn gysglyd bron ar unwaith. Diflannodd y doctor i rywle a thybiodd Dic ei fod yn clywed siarad mewn iaith ddieithr. Yna roedd Mrs Hort yn plygu uwch ben ei wely a'i llygaid dol, glas, glas yn edrych i fyw ei lygaid yntau.

Yna roedd ei llais fel pe bai'n llanw'r stafell.

"Breuddwydio'r cyfan wnaethoch chi, Dic. Breuddwydio'r cyfan . . . breuddwydio, breuddwydio . . ." Roedd y geiriau'n atseinio trwy ei ben. "Fyddwch chi ddim yn breuddwydio rhagor nawr, Dic. Fe fyddwch chi'n cysgu heb freuddwydio dim . . . yn cysgu'n braf. A phan fyddwch chi'n dihuno fe fyddwch chi wedi anghofio popeth am y breuddwydion cas a'r dyn yna welsoch chi . . . yn anghofio'r cwbl . . . y cwbl i gyd . . ." Tawodd y llais a llifodd rhyw dawelwch mawr dros y bachgen yn y gwely.

Pan ddihunodd gwelodd wyneb ei fam yn edrych i lawr arno. Yna gwelodd ei chwaer yn sefyll wrth ymyl y gwely. Gwyddai ar unwaith ei fod yn teimlo'n well. Cododd ar ei eistedd.

"Faint o'r gloch yw hi?"

"Mae'n hanner awr wedi pedwar! Wyt ti wedi bod yn cysgu drwy'r dydd?"

"Wyt ti'n well, Dic?" gofynnodd Linda.

"Ydw. Rwyn teimlo'n iawn. Alla' i godi nawr, Mam?"

"Wel, fe ddwedodd Dr Wills nad oedd dim ffliw arnat ti."

Agorodd y drws a daeth Mrs Hort i mewn â hambwrdd yn ei dwy law.

"A! Mae'r claf ar ddi-hun Mrs Treharne, ac yn edrych yn well hefyd, ddwedwn i. Wel, nawr-te, mae e siŵr o fod yn barod am dipyn o fwyd erbyn hyn, e, Dic?"

Roedd y llygaid glas, glas yn gwenu'n fwyn arno. Derbyniodd yr hambwrdd yn ei gôl a dechrau bwyta'n awchus—bara-menyn a mêl, a chacen gwrens flasus iawn.

"Rŷch chi wedi bod yn dda iawn iddo fe, Mrs Hort, yn gofalu amdano fe drwy'r dydd. Wn i ddim shwd mae diolch i chi."

"Pleser, Mrs Treharne. Rŷn ni'n hen ffrindie erbyn hyn on'd ŷn ni, Dic?"

"Ydyn'," meddai'r bachgen gan wenu'n ôl arni. Ac eto fe deimlai'n anesmwyth rywsut yng nghwmni'r Almaenes. Roedd y llygaid gleision yn ei atgofio o rywbeth annifyr, ond ni wyddai beth.

"Mae e eisie codi, Mrs Hort. Os nad oes gwres ynddo fe, wela' i ddim pam na all e."

Daeth Mrs Hort â thermomedr o rywle a'i roi yn ei geg.

"Mae 'i wres e'n normal, Mrs Treharne," meddai ymhen tipyn.

"Fe gei di godi," meddai ei fam.

"Ie. Fe awn ni o'r golwg iddo gael gwisgo," meddai Mrs Hort, gan wenu arno eto.

*   *   *   *

"Ond fe roddes i'r papure ar eich desg chi neithwr, Dr Treharne!" Roedd Proffesor Dalton yn gweiddi erbyn hyn. Ond edrychodd Doctor Treharne yn ôl arno'n ddigon tawel.

"Wel, syr, 'doedden nhw ddim ar 'y nesg i bore 'ma pan gyrhaeddes i'r swyddfa. Dyna i gyd sy gen i i'w ddweud."

"Ddim yma, Doctor? Ydych chi ddim yn deall, ddyn, fod y papure 'na'n bwysig ac yn gwbwl gyfrinachol? Os nad oedden nhw yma bore 'ma, ble maen nhw wedi mynd? E? Ble maen nhw wedi mynd?"

"Wn i ddim, Proffesor. Fe all rhywun fod wedi'u symud nhw cyn i fi gyrraedd y bore 'ma."

"Rhaid i ni gael Cyrnol Grant yma ar unwaith," meddai'r Proffesor ychydig bach yn dawelach. Cydiodd yn y ffôn ar ddesg Dr Treharne.

"Cyrnol Grant, rwy'i am i chi ddod lawr 'ma ar unwaith i swyddfa Dr Treharne, newch chi?"

Cyn pen dwy funud roedd y Cyrnol yno gyda nhw.

"Mae 'na bapure pwysig ar goll, Cyrnol. Papure *holl-bwysig* a dweud y gwir—yn ymwneud â'r arbrofion diweddara' rŷn ni wedi bod yn wneud yma. Roeddwn i wedi 'u gadel nhw fan hyn ar ddesg Dr Treharne iddo fe gael cip arnyn nhw bore 'ma i tsiecio . . ."

Crychodd y Cyrnol ei dalcen.

"Proffesor Dalton," meddai, "mae'n ddrwg gen i, ond rhaid i fi eich atgoffa chi, syr, mai yn y 'safe' yn eich stafell chi'ch hunan y dylse unrhyw bapure pwysig fod dros y nos . . ."

"Ba! Oes lladron yn ein mysg ni 'ma, Cyrnol? Oes e? Os oes e, eich gwaith chi yw 'u dala nhw. Ddylse'r un dyn byw nad ydyn ni'n siŵr o'i onestrwydd e gael dod tu fewn i'r gwersyll 'ma o gwbwl. Fe wyddoch chi hynny'n iawn."

Bu chwilio a holi mawr drwy'r bore hwnnw, ond ni ddaeth y papurau pwysig i'r glawr. Erbyn hanner dydd roedd y Proffesor wedi mynd i amau pawb—hyd yn oed y gwyddonwyr oedd yn gweithio o dano, gan gynnwys Doctor Treharne a'i wraig! Ond erbyn hynny roedd Cyrnol Grant, o leiaf, yn gwybod fod y papurau pwysig wedi eu *dwyn*. Roedd rhywun wedi llwyddo i dorri i mewn i'r Orsaf Arbrofi yn ystod y nos—ar waethaf y milwyr, y cŵn a'r ffens drydan, a phob dim!

Neu roedd rhywun—o'r tu fewn—a oedd yn fradwr! Fe wyddai'r Cyrnol fod dynion Hitler ymhobman—yn gwneud eu gorau i ennill y Rhyfel i'r Almaen, a gwyddai fod y bobl hynny yn rhai cyfrwys iawn. Ond yma yn Llangïan, lle

102

roedd pawb yn nabod pawb arall . . . pwy allai fod . . .? A sut oedd y lleidr neu'r lladron yn mynd i gael y papurau pwysig allan o'r wlad? Dechreuodd y Cyrnol feddwl am hyn. 'Doedd hi ddim yn mynd i fod yn hawdd.

Yna cofiodd am Marlene Hort—yr Almaenes fach a'r llygaid glas, glas. A oedd hi'n bosib . . .? Ond roedd hi'n byw gyda Doctor Treharne a'i deulu yng Nghraig-y-don, a go brin y byddai dynes fach felna'n prowlan o gwmpas yn ystod y nos ac yn dwyn papurau cyfrinachol, pwysig. Beth bynnag 'doedd hi ddim yn wyddonydd. Felly a fyddai rhywun fel hi'n gwybod pa bapurau i'w dwyn? Ond penderfynodd y byddai rhaid iddo gadw llygad manwl arni hi ar ôl yr hyn oedd wedi digwydd.

Yn ystod y prynhawn bu'n holi'r Proffesor ynglŷn â'r papurau a oedd ar goll. Cafodd ar ddeall eu bod yn *rhan* o fformiwla newydd a oedd yn mynd i wneud radar yn fwy effeithiol fyth yn y Rhyfel. Er nad oeddynt yn ddigon ynddynt eu hunain i roi cyfrinach y ddyfais newydd yn nwylo Hitler—eto i gyd fe allent fod o gymorth mawr i wyddonwyr yr Almaen pe caent gyfle i'w hastudio'n fanwl.

Aeth y Cyrnol at Doctor Treharne i'w holi ynghylch symudiadau Mrs Hort, a'r canlyniad fu iddo gael ei wahodd i swper y noson honno yng Nghraig-y-don.

*   *   *   *

Yr oedd Mrs Treharne, gyda help Mrs Hort, wedi llwyddo i baratoi swper blasus iawn ar gyfer yr ymwelydd pwysig, sef Cyrnol Grant.

Gan na wyddai eu mam yn iawn beth i'w wneud â nhw—fe gafodd Dic a Linda eistedd gyda'r lleill i fwynhau'r swper—ar y telerau eu bod yn *bihafio* ac yn cadw'n ddistaw tra byddai'r bobl fawr yn siarad. Felly roedden nhw'n chwech wrth y bwrdd y noson honno—Doctor a Mrs Treharne, Cyrnol Grant, Mrs Hort a Dic a Linda.

Roedd Mrs Hort wedi dod â photel o win o rywle, ond ni chafodd y plant gynnig diferyn o hwnnw!

Ond yr oedd y Cyrnol wedi cymryd tipyn go lew ohono, ac ymhen tipyn roedd e'n bur siaradus.

"Faint o flynyddoedd sy er pan ŷch chi'n byw yng Nghymru, Mrs Hort?" gofynnodd, pan oedd pawb wedi dechrau ar y pwdin.

"Deng mlynedd bron iawn, Cyrnol—pan ddaw mis Mawrth nesa. Dyna amser go hir ynte fe? Rwyn teimlo fel 'tawn i wedi bod yn byw yma erioed erbyn hyn, wir i chi."

"Roedd eich gŵr a chithe'n hapus iawn yma?"

"O oedden, yn hapus iawn! Yng Nghymru y gwnaeth Carl ei waith mwya' pwysig."

"Yn y Gweithe Glo ontefe?" meddai Doctor Treharne. "Rwyn cofio darllen am 'i waith ym mhylle glo De Cymru—lan tua'r Rhondda fforna, os wy'n cofio'n iawn?"

"Ie. Fe gyhoeddodd e lyfryn . . ."

"Fe wn i, Mrs Hort," meddai'r Doctor, "rwyn cofio'i ddarllen e . . ."

"Yn un o bylle glo'r Rhondda y cafodd e'r ddamwain ofnadw 'ny ontefe?" gofynnodd y Cyrnol.

"Ie, Cyrnol. Anghofia i byth mo'r amser hynny. Roedd pawb yn credu 'i fod e wedi ca'l 'i ladd. Fe ffrwydrodd y nwy mewn twnnel cul . . . ac fe gafodd 'i chwythu o un pen i'r llall . . . a'r glo rhydd yn disgyn ar 'i ben e. Roedd hi'n syndod a dweud y gwir, 'i fod e wedi dod allan yn fyw."

"Dyna pryd y cafodd e'r graith fawr 'na ar draws 'i dalcen mae'n debyg?"

"Ie. Rhagor o win, Cyrnol? Doctor?"

"Y DYN Â'R GRAITH LAS!"

Llais Dic ar draws y cyfan—Dic—nad oedd e ddim wedi dweud yr un gair arall yn ystod y swper!

Edrychodd pawb yn syn arno. Roedd llygaid o'i gwmpas i gyd. Ni allai weld dim byd ond llygaid—llygaid y Cyrnol a rhai ei dad a'i fam. Ond yn bennaf—llygaid glas, glas Mrs

Hort. Roedd y rheini fel pe baent yn llosgi eu ffordd i'w ymennydd.

"Beth ddwedest ti, Rhisiart?" gofynnodd ei dad, gan edrych braidd yn wgus arno.

Byddai'n dda gan y bachgen pe bai'r ddaear wedi ei lyncu'r funud honno.

"Dim . . . y . . . mae'n ddrwg gen i . . ." meddai, gan edrych yn anesmwyth o gwmpas y bwrdd.

"Mae Richard wedi bod yn sâl gyda ni, Cyrnol," meddai Mrs Treharne; "falle mai yn y gwely y dylse fe fod."

"Mae e'n edrych dipyn bach yn welw ac yn llwyd," atebodd y Cyrnol yn ddigon caredig, "Fe fydd e'n iawn bore fory, ar ôl cael noson o gwsg, gewch chi weld."

"Os ydych chi'ch dau wedi gorffen eich swper," meddai Mrs Treharne, "efalle'ch bod chi'n barod i fynd i'r gwely?"

Cododd Dic oddi wrth y bwrdd ar unwaith, fel pe bai'r gadair yn boeth o dano. Wedi gweld ei brawd yn mynd am y drws, aeth Linda hefyd—yn anfodlon—ar ei ôl. Ni wyddai fod Dic, druan, yn teimlo'n rhy gynhyrfus i aros eiliad arall wrth y bwrdd. Roedd y newyddion am y ddamwain o dan y ddaear ac am y graith wedi ei syfrdanu'n llwyr. Gwyddai yn awr mai Doctor Hort oedd e wedi'i weld yn dod allan o ystafell ei wraig y noson gynt. Y dyn a'r graith las! *Ond roedd Doctor Hort wedi marw!* Rhaid felly mai ysbryd oedd e wedi'i weld.

A hyd nes i Cyrnol Grant sôn am y *graith* roedd e wedi anghofio'r cyfan am yr hyn roedd e wedi'i weld! Pam roedd e wedi anghofio peth mor bwysig â hynna? 'Doedd e ddim yn arfer anghofio pethau. Am ryw reswm daeth llygaid glas, glas Mrs Hort i'w feddwl. Ai hi oedd wedi gwneud iddo anghofio?

Ai 'hypnotist' oedd hi?

Beth bynnag, roedd ofn yr Almaenes arno—fe wyddai gymaint â hynny.

Erbyn cyrraedd ei stafell wely ei hunan, roedd e wedi

penderfynu fod yn rhaid iddo ddweud wrth rywun am yr hyn a welsai'r noson gynt—rhag ofn y byddai Mrs Hort yn gwneud iddo anghofio unwaith eto. Wrth gwrs, fe fyddai eisiau tipyn o ddewrder cyn mentro dweud y stori ryfedd wrth neb. Dyn marw'n cerdded o gwmpas yn nyfnder nos! Fe fyddent yn siŵr o chwerthin am ei ben. A fyddai undyn byw yn barod i'w gredu? Wel, meddyliodd, fe gaen nhw chwerthin am ei ben os oedden nhw'n dewis—roedd *rhaid dweud* yr hanes. Penderfynodd godi'n fore trannoeth i ddweud wrth ei rieni.

Cofiodd eto am y ffilm 'Dracula'—a welsai yn Llundain. Roedd dyn marw'n codi o'r bedd ac yn cerdded o gwmpas yn honno. Codai bob amser yn y nos a byddai rhaid iddo fod yn ôl yn ei goffin cyn y bore. Aeth ias trwyddo wrth feddwl eto am yr wyneb gwyn, gwyn a'r graith ofnadwy honno ar y talcen—a welodd trwy dwll y clo. A oedd y creadur hwnnw wedi gorfod mynd yn ôl i'w fedd yn y fynwent cyn i'r haul godi?

*   *   *   *

Yn hollol groes i'r disgwyl, fe gysgodd Dic drwy'r nos honno, heb glywed sŵn y môr na'r gwynt na dim. Dihunodd yn fore, ac er mai dydd Sadwrn oedd hi, gwisgodd amdano a mynd i lawr y grisiau erbyn hanner awr wedi saith.

Roedd ei dad wrth y bwrdd brecwast.

"Helo, Rhisiart! Wel! Wel! Rwyt ti lawr yn fore wyt ti ddim? A hithe'n ddydd Sadwrn hefyd!"

Eisteddodd y crwt wrth y bwrdd gyferbyn ag ef, heb ddweud dim. Am foment bu Doctor Treharne yn edrych ar ei fab. Yr wyneb cul, tenau a'r sbectol drwchus. Bachgen meddylgar, deallus—ond nid un a fyddai'n debyg o gael ei ddewis i chware rygbi neu griced dros yr ysgol. Roedd e'n un mor ddistaw wedyn, meddyliodd y Doctor—chaech chi ddim mo'i dwym na'i oer e byth. Fe fyddai'n beth da pe bai e'n llai swil—pe bai e'n siarad mwy a *meddwl* llai.

"'Gysgest ti'n iawn neithiwr, Rhisiart?''

"Do.''

"O? Wyt ti'n siŵr? Maen nhw'n dweud wrthw i nad wyt ti ddim wedi bod yn cysgu'n dda iawn er pan ddaethon ni i Graig-y-don 'ma. Oes rhywbeth yn bod?''

Edrychodd Dic ar ei dad dros ben ei sbectol drwchus. Roedd yr amser wedi dod i *ddweud*. Dyma'r cyfle, meddyliodd, ond ni allai feddwl sut i ddechrau.

Gwingodd yn ei gadair nes gwneud i'r Doctor edrych yn syn arno.

"Wel?''

Gallai Dic glywed ei fam yn brysur yn y gegin.

"Ŷch chi'n cofio 'Dracula'?'' gofynnodd.

Edrychodd ei dad yn fwy syn fyth arno.

"Dracula? Beth yn y byd . . .? Fe ddwedes i ddigon wrthot ti am beidio mynd i weld yr 'Horror Films' 'na yn Llunden ond do fe? 'Ddyle plant ddim cael mynd i weld pethe felna o gwbwl. Ond pam wyt ti'n siarad am 'Dracula' nawr te? Mae misoedd er pan welest ti'r ffilm . . .''

"Os ŷch chi'n cofio roedd dyn marw'n codi o'i goffin . . .''

"Wel?''

"Wel, echnos, rown i'n methu cysgu, ac fe glywes i sŵn ar y landin. Fe godes i o'r gwely . . . Mrs Hort oedd 'na . . . yn mynd lawr dros y grisie . . . fe es i lawr ar 'i hôl hi. Fe aeth i mewn i' stafell 'i hunan a chau'r drws. Fe es i i edrych mewn trwy dwll y clo . . . ac fe weles i . . . Y DYN Â'R GRAITH LAS . . . Doctor Hort . . .''

Roedd Doctor Treharne wedi gorffen ei facwn a'i ŵy a'i goffi. Yn awr edrychodd ar ei fab yn drist. Ysgydwodd ei ben.

"Rhisiart,'' meddai'n dawel, "mae'n ddydd Sadwrn heddi—wnei di gymwynas â fi?''

"Y . . . olreit . . .''

"Gofyn i Linda fynd â ti lawr i fynwent yr eglwys yn y pentre—i ddangos i ti fedd Doctor Hort, wnei di?"

"Ond, Dadi, rwyn dweud y gwir! Fe weles i e'n iawn!"

"Hunllef, Rhisiart—'nightmare' oedd y cwbwl. Rwyt ti'n fachgen deallus—yn dda yn dy waith yn yr ysgol, a 'dwyt ti ddim yn brin o synnwyr cyffredin. *Stori* oedd 'Dracula' . . . 'doedd hi ddim yn *wir!* 'Dyw pobol sy wedi marw ddim yn gallu codi o'r bedd, Rhisiart! Felly mae'n *rhaid* mai hunllef gest ti."

"Mae e'n dweud yn y Testament Newydd . . . ond yw e . . . am beth felna'n digwydd?"

Daeth Mrs Treharne o'r gegin ar y gair.

"Richard! Rwyt ti ar lawr yn fore!"

"Yn rhy fore, os gofynnwch chi i fi! Mae e'n siarad rhyw nonsens 'i fod e wedi gweld Doctor Hort yn dod mas o stafell Mrs Hort yn orie mân y bore," meddai'r Doctor yn ddiamynedd. "Rwy'i wedi bod yn ceisio dweud wrtho fe mai hunllef—breuddwyd—yw'r cyfan."

Cododd oddi wrth y bwrdd. "Rhaid i chi dreio cael tipyn o sens mewn 'i ben e, Beti, neu fe fydd rhaid i ni gael Doctor Wills ato fe 'to. Rhaid i fi fynd . . ."

"Na, peidiwch mynd am funud," meddai ei wraig.

"Ond mae'n rhaid i fi, w! Pam be' sy'?"

"Wel, rwy'i wedi bod yn meddwl neithwr yn y gwely—a bore 'ma . . ."

"Meddwl beth?"

"Ydych chi'n cofio beth ddwedodd Richard pan oedd y Cyrnol yn holi Mrs Hort ynglŷn â'r ddamwain 'na o dan ddaear?"

"Wel?"

"Fe ddwedodd—'Y DYN Â'R GRAITH LAS'—ond do fe?"

"Falle do fe . . ."

"Ai dyna ddwedest ti, Richard?"

"Ie."

"O'r gore. Nawr-te, Idris, atebwch y cwestiwn 'ma i fi. Sut oedd Richard yn gallu dweud 'Y dyn â'r graith las' os nad oedd e wedi gweld Doctor Hort, na gweld llun ohono fe ar ôl iddo gael y ddamwain? Sut oedd Richard yn gallu dweud sut graith oedd hi?"

"Ond, y—gwarchod pawb—mae Doctor Hort wedi marw! Ydych chi wedi anghofio hynny? Ydych *chi* hefyd, Beti, yn mynd i geisio dweud 'i fod e wedi atgyfodi neu rywbeth? Mae'n un peth i fi orfod gwrando ar Rhisiart 'ma yn siarad nonsens, heb eich bod chi hefyd yn dechre arni. Mae Doctor Hort wedi marw—ac wedi'i gladdu. Ŷch chi'n deall? Ewch lawr i'r fynwent i weld 'i fedd e. Ewch at y Cofrestrydd Marwolaethau yn yr ardal 'ma i weld tystysgrif marwolaeth y dyn—gnewch unrhyw beth ond peidiwch ceisio dweud wrthw i fod y dyn wedi codi o'r bedd! Fel 'Dracula' ddwedodd Rhisiart! Glywsoch chi erioed shwd beth? Nawr rwy' i'n mynd!"

Cerddodd Doctor Treharne allan o'r tŷ ac i gyfeiriad yr Orsaf fel pe bai ysbryd Doctor Hort ar ei ôl!

Roedd Cyrnol Grant yn disgwyl amdano pan gyrhaeddodd ei swyddfa.

"A! Bore da, Doctor Treharne. Maddeuwch i fi am eich poeni chi fel hyn yn y bore. Ond mae rhywbeth wedi bod yn pwyso ar 'y meddwl i oddi ar neithiwr."

"O ie?"

"Rhywbeth ddwedodd eich mab amser swper . . ."

"O'r arswyd y byd—*chi* hefyd!"

"'Dwy'i ddim yn deall?"

"Mae'r crwt wedi bod yn dweud wrthw i bore 'ma 'i fod e wedi gweld dyn â chraith las ar 'i dalcen e'n dod 'mas o stafell Mrs Hort yn orie mân y bore—dyn oedd yn edrych yn debyg i Doctor Hort—hwnnw wedi codi o'r bedd fel 'Dracula' medde fe! A gwaetha'r modd, mae 'ngwraig yn 'i gredu fe, fe allwn i feddwl. Edrychwch 'ma, Cyrnol Grant, mae gormod o ddychymyg gyda'r crwt 'na, ac mae e wedi gweld gormod o 'Horror Films' tua Llunden 'na. Anghofiwch y cyfan am y peth, er mwyn dyn!"

"Ond fe ddwedodd e—'Y DYN Â'R GRAITH LAS'—a dyna ddisgrifio Doctor Hort i'r dim. Ond 'wyddai'r bachgen ddim am y ddamwain yn y pwll glo a 'doedd e ddim, hyd y gwn i, wedi gweld llun o Doctor Hort."

"A! Gan bwyll nawr, Cyrnol. Mae e wedi gweld llun o Doctor Hort—ar wal stafell Mrs Hort yng Nghraig-y-don."

"O! Wel, dyna egluro'r cyfan felly, Doctor." Roedd y Cyrnol yn swnio braidd yn fflat.

Edrychodd Doctor Treharne yn feddylgar arno.

"Na, 'dyw hynna ddim yn egluro'r cyfan, gwaetha'r modd, Cyrnol."

"Beth ŷch chi'n feddwl?"

"Roedd y llun welodd y crwt yn *hen* lun o Doctor Hort—wedi ei dynnu *cyn* iddo gael y ddamwain, ac wrth gwrs, cyn iddo gael y graith las ar 'i dalcen."

Edrychodd y ddau ar ei gilydd. Roedd hanner gwên fach o gwmpas gwefusau'r Cyrnol.

"Cyrnol Grant! Nawr, charwn i ddim eich bod chi'n cymryd unrhyw beth mae'r crwt 'na sy gen i'n 'i ddweud, o ddifri, cofiwch . . ."

Ni chymerodd y Cyrnol unrhyw sylw o'r hyn a ddywedodd.

"Ydych chi'n credu mewn ysbrydion, Doctor Treharne?" gofynnodd yn feddylgar.

"Wrth gwrs nad w i!"

"'Dydw inne ddim chwaith. Ond . . . mae eich bachgen chi wedi gweld dyn—neu wyneb dyn sy wedi marw a chael 'i gladdu. Na, Doctor, 'dwy'i ddim yn meddwl fod unrhyw amheuaeth bellach nad yw'r bachgen wedi gweld Doctor Hort—y dyn â'r graith las fawr ar 'i dalcen e. Sut mae egluro'r peth? Fe fyddai'r rhai sy'n credu yn y fath bethe,

110

yn dweud ar unwaith 'i fod e wedi gweld ysbryd. Un posibilrwydd arall yw iddo weld Doctor Hort—pan oedd e'n cerdded o gwmpas yn 'i gwsg.''

"Dyna fe! Rŷch chi wedi'i tharo hi, Cyrnol. Cerdded yn 'i gwsg roedd y crwt. Dyna egluro'r cyfan!''

Ysgydwodd y Cyrnol ei ben. "Ddim yn hollol, Doctor. Ydy hi'n bosib i fachgen weld—yn 'i gwsg—rywun nad yw erioed wedi'i weld o'r blaen?''

"A! Ond rhaid i chi gofio 'i fod e wedi gweld 'i *lun* e . . .''

"Pan oedd e'n ifanc, a chyn iddo gael y graith fawr ar draws ei dalcen. Cofiwch na wyddai'r bachgen ddim am ddamwain Doctor Hort *cyn* iddo weld 'i wyneb e. Wydde fe ddim byd cyn i fi sôn am y peth ar ginio neithwr. Na—pe bydde fe wedi gweld Doctor Hort mewn breuddwyd,—fe fydde fe wedi'i weld e fel oedd e yn y llun ar y wal yn stafell Mrs Hort—heb y graith ar 'i dalcen e.''

"Beth ŷch chi'n geisio'i ddweud, Cyrnol?'' gofynnodd y Doctor yn syn.

"Dim ar hyn o bryd, ond . . .''

"Ie?''

"Fe fydd rhaid i fi weld tystysgrif marwolaeth Doctor Hort ar unwaith.''

"Dyna ddwedes i wrth 'y ngwraig cyn gadel y tŷ y bore 'ma. Fe fydd gweld y dystysgrif yn rhoi taw ar y siarad ffôl 'ma . . . 'Does neb—diolch byth—yn cael 'i gladdu ym Mhrydain 'ma heb fod 'na dystysgrif marwolaeth wedi 'i harwyddo gan ddoctor—i brofi 'i fod e wedi marw.''

"Eitha reit. Fe fydda' i wedi cael cip ar y dystysgrif cyn pen awr, Doctor.''

Fe fu'r Cyrnol cystal â'i air. Awr yn ddiweddarach roedd e nôl yn swyddfa'r Doctor â chopi o'r dystysgrif gydag ef.

"Dyma'r prawf fod Doctor Hort wedi marw, Doctor Treharne,'' meddai, gan osod y copi o'r dystysgrif ar ddesg y gwyddonydd. Edrychodd hwnnw ar y manylion a gwelodd ei bod wedi ei arwyddo gan Doctor Wills.

111

"Wel, ydych chi'n fodlon nawr, Cyrnol? Ydych chi'n derbyn fod Doctor Hort wedi'n gadel ni am byth?"

Er syndod iddo, ysgydwodd y Cyrnol ei ben.

"Mae un peth i'w wneud eto, Doctor cyn y bydda i'n barod i gyfaddef fod eich mab yn berchen ar ddychymyg mwy byw na'r cyffredin."

"A beth yw hwnnw, dwedwch?"

"Fe fydd rhaid i fi gysylltu â'r 'B.M.A.'—Cymdeithas Feddygol Prydain."

"O ie?"

"Dim ond i neud yn siŵr, ŷch chi'n gweld . . . rhag ofn."

"Rhag ofn beth, Cyrnol?"

"Rhag ofn fod gan Doctor Wills ryw gysylltiad â'r Almaen."

"Ba! Mae'r rhyfel 'ma'n gwneud i ni ddrwgdybio pawb!"

"Mae 'na bapurau pwysig wedi 'u colli o'r Orsaf 'ma, Doctor Treharne, a rhaid i fi ddrwgdybio pob enaid byw yn Llangïan."

"Ar rhai marw hefyd mae'n debyg, Cyrnol!" meddai'r Doctor yn sychlyd.

*   *   *   *

Fe fu gwifrau'r ffôn yn brysur rhwng Llangïan a Llundain drwy'r prynhawn hwnnw, ond fe fu rhaid i Cyrnol Grant aros tan fore trannoeth am y telegram syfrdanol oddi wrth Gofrestrydd y B.M.A. ynglŷn â Doctor Wills. Daeth rhyw wên chwerw dros wyneb y Cyrnol wrth ddarllen ei gynnwys.

"Dr George Wills: Changed his name by deed-poll 1937 from Gustav Weil. Qualified at Heidelburg University. German by birth, became naturalised British subject 1936. Worked at Guy's Hospital, London 1935-37. During 1937 moved into private practice in Wales."

Curodd y Cyrnol ei dalcen â'i ddwrn.

"Arswyd y byd!" meddai'n uchel. "Maen nhw ymhobman.!"

Digwyddodd pethau'n gyflym wedyn. Aeth Cyrnol Grant ar y ffôn i'r prif awdurdodau yn Llundain, ac erbyn y prynhawn roedd e wedi cael caniatâd swyddogol i agor y bedd mwyaf newydd yn mynwent hen eglwys Llangïan—bedd Doctor Hort—y dyn â'r graith las.

Penderfynodd mai'r amser gorau i wneud y gwaith ofnadwy hwnnw—fyddai yn nyfnder nos, pan fyddai'r rhan fwyaf o bobl dda Llangïan yn eu gwelÿau.

Roedd hi'n un-ar-ddeg o'r gloch ac yn dywyll fel bol buwch pan gyrhaeddodd y cwmni glwyd yr hen fynwent ddistaw. Yr oedden nhw'n wyth o ddynion i gyd—sef Cyrnol Grant, Doctor Treharne a chwech o filwyr o'r Orsaf Arbrofi.

Ni allai Doctor Treharne feddwl pam yr oedd ef wedi cael gwahoddiad gan y Cyrnol i fod yn bresennol, ond roedd e yn awyddus iawn i fod yn y fan a'r lle pan fyddai clawr yr arch yn cael ei godi, beth bynnag.

Roedd haenen o niwl trwchus dros y fynwent ac nid oedd unrhyw sŵn ond cwyno isel y gwynt yn y coed bythwyrdd uwch eu pennau. Roedd torts gref yn llaw'r Cyrnol, ac ef a arweiniodd y ffordd at fedd Doctor Hort.

Wrth olau'r dorts gwelsant fod tusw o flodau ffres yn gorwedd ar y bedd. Gwnaeth gweld y blodau i Doctor Treharne deimlo'n ddig wrtho'i hunan ac wrth y lleill—'u bod nhw wedi dod yno i agor y bedd a distyrbio'r corff marw a oedd o dan y pentwr pridd. Beth ddywedai Mrs Hort—a oedd wedi gosod y blodau yno oherwydd ei hiraeth mawr ar ôl colli ei gŵr? Teimlai'r Doctor yn falch nad oedd hi ddim yn gwybod am yr hyn roedd y Cyrnol a'r milwyr yn mynd i'w wneud.

Nid oedd carreg goffa ar y bedd eto—roedd hi'n rhy fuan i hynny. Ond roedd Marlene Hort—neu rywun—wedi gosod croes fechan o bren i ddangos pwy oedd yn gorwedd yno.

Darllenodd y Doctor a'r Cyrnol y geiriau oedd wedi eu cerfio arni.

"Dr Carl Hort, M.Sc., Ph.D. Scientist 1884-1939. R.I.P."

Ciciodd y Cyrnol y blodau oddi ar y bedd yn ddiamynedd a gwnaeth arwydd ar y milwyr i ddechrau ar eu gwaith. A chyn pen winc roedd y rheini'n ceibio ac yn rhofio.

"R.I.P." meddyliodd Doctor Treharne, "Rest in Peace! 'Does dim llawer o heddwch i fod i'r marw heno sbo!"

Aeth hanner awr heibio a'r milwyr yn gweithio'n brysur. Yna clywodd pob un y sŵn—sŵn ofnadwy'r gaib yn taro caead yr arch. Roedden nhw wedi cyrraedd hyd at y coffin a ddaliai—beth? Corff Doctor Hort? Neu ddim byd?

Bu rhaid ceibio a rhofio am dipyn wedyn cyn clirio digon o le i godi'r arch o'r bedd. Ond o'r diwedd roedd y gwaith caled ar ben.

Llwyddodd dau filwr i gael rhaffau o dan yr arch, yna tynnodd y chwech gyda'i gilydd, ac yn araf bach, daeth yr arch i fyny o'r twll tywyll lle roedd hi wedi bod yn gorwedd. Fflachiodd y Cyrnol ei dorts ar y caead. Rhwbiodd y pridd oddi ar y plat metel gloyw, a gwelodd pawb enw Doctor Hort wedi ei gerfio arno.

Yn awr roedd y foment wedi dod—y foment i agor yr arch briddlyd i weld yn iawn. Ond roedd clawr yr arch wedi ei sgriwio'n ddiogel. 'Doedd y Cyrnol ddim wedi anghofio hynny chwaith. Daeth ymlaen yn awr â sgriwdreifer gloyw yn ei law. Estynnodd y dorts i un o'r milwyr a phlygodd dros yr arch i chwilio am y sgriws. O un i un daeth o hyd iddynt, nes oedd pob un wedi ei rhyddhau. Plygodd pawb ymlaen yn eiddgar pan gododd y Cyrnol gaead yr arch. Taflodd y milwr olau'r dorts ar ei thu mewn. Nid oedd Doctor Hort yn gorwedd yno. Yn lle hynny roedd yr arch yn hanner llawn o gerrig a phridd.

KARL
HORT
AGE 5

1742

"Ha!" meddai Cyrnol Grant yn gras, "'dyw e ddim yma!"

"Ond . . . y . . . ble mae e wedi mynd?" gofynnodd y Doctor.

"Fuodd e erioed yn gorwedd fan hyn, Doctor. Fe allwch gredu stori eich mab nawr yn ddigon hawdd. Mae Hort yn fyw."

"Ond y dystysgrif marwolaeth . . ."

"Ie. Roedd hi'n hawdd iawn cael honno, gan fod Dr Wills yn Almaenwr ac yn 'sbïwr hefyd. Nid Dr Wills, a dweud y gwir, ond Dr Gustav Weil—wedi newid ei enw ddwy neu dair blynedd yn ôl. Y cwestiwn nawr yw—ble mae Doctor Hort? 'Dyw e ddim wedi dianc dros y môr oherwydd mae eich mab wedi'i weld e tua dau o'r gloch y bore yn dod allan o stafell ei wraig yng Nghraig-y-don. Wyddech chi, Doctor, 'rŷn ni'n lwcus iawn fod eich mab wedi bod yn methu cysgu'n dda yn ddiweddar neu fe allai Hort a Dr Wills rhyngddyn nhw—fod wedi dod o hyd i holl gyfrinachau'r Orsaf 'ma yn Llangïan. Dewch, mae gyda ni waith i' neud."

"Beth am hwn te?" gofynnodd y Doctor.

"Ie. Fe fydd rhaid rhoi'r arch 'ma nôl yn y bedd yn daclus a chau'r bedd fel na fydd neb yn gwbod ein bod ni wedi bod 'ma. Ac fe fydd rhaid rhoi'r blode nôl hefyd."

Rhoddodd orchmynion cyflym i'r milwyr, yna cydiodd ym mraich y Doctor ac aeth y ddau allan o'r fynwent gyda'i gilydd.

Ar ôl iddyn nhw fynd cododd cysgod du o'r tu ôl i un o'r cerrig beddau a sleifio allan i'r ffordd fawr. Ond ni welodd neb mo hwnnw.

*　　*　　*　　*

Fe fu Cyrnol Grant yn petruso tipyn p'un ai i arestio Mrs Hort a Dr Wills ar unwaith neu adael i bethau fod tan y bore. Gan ei bod wedi mynd yn hwyr iawn, penderfynodd mai gwell fyddai aros nes byddai'n olau dydd.

Ond trannoeth fe wyddai iddo wneud camgymeriad mawr iawn, oherwydd pan aeth i Graig-y-don yn y bore bach a gofyn am weld Mrs Hort, cafwyd fod drws ei hystafell ynghlo a dim ateb yn dod o'r tu fewn ar ôl curo sawl gwaith. Roedd y Cyrnol yn gynddeiriog wyllt, oherwydd ofnai yn ei galon ei bod bellach yn rhy hwyr i arestio'r ddau, am eu bod wedi hedfan!

Tynnodd allan y sgriwdreifer mawr, a ddefnyddiodd y noson gynt i godi clawr yr arch yn y fynwent. Gwthiodd ei flaen rhwng y drws clo a'r ffrâm—a thynnu.

Ond daliodd y clo ei afael. Yna, fel petai wedi colli ei dymer yn llwyr, camodd yn ôl, a hyrddio holl bwysau ei gorff yn erbyn y drws.

Gyda sŵn coed yn hollti, gwahanodd y drws oddi wrth y ffrâm, a disgynnodd y Cyrnol yng nghanol y stafell. Nid oedd enaid byw ynddi.

Edrychodd o'i gwmpas yn fwy pwyllog wedyn. Yr oedd popeth yn drefnus a glân, a llun Doctor Hort ar y mur uwch ei ben, lle'r arferai fod. Ond 'doedd dim sôn am y ddynes fach â'r llygaid glas, glas—fel llygaid dol.

Ble roedd hi wedi mynd? A oedd hi ar ei ffordd i'r Almaen—mewn llong neu mewn awyren? Neu a oedd hi a'i gŵr—a oedd wedi twyllo pawb ei fod wedi marw, ac wedi cael ei gladdu—yn stelcian o gwmpas Llangïan o hyd—yn ceisio dod o hyd i ragor o gyfrinachau pwysig yr Orsaf Arbrofi?

Canodd cloch y ffôn yng Nghraig-y-don. Y Sarjiant a anfonwyd i arestio Doctor Wills oedd yno. Neges y Sarjiant oedd fod y gŵr bonheddig hwnnw wedi diflannu hefyd!

Hen lanc di-briod oedd Doctor Wills, yn cadw morwyn—merch o'r pentre—i edrych ar ei ôl. Nid oedd honno wedi ei weld ers tua naw o'r gloch y noson gynt.

Roedd y ddau aderyn drwg wedi hedfan!

117

Erbyn hyn fe deimlai'r Cyrnol yn ddig iawn wrtho'i hunan na fuasai wedi symud ar unwaith—ar ôl cael y bedd yn wag. Yr oedd ei elynion wedi llwyddo ac yntau wedi methu. Diau y byddai'n cael ei feio'n drwm am adael i'r sbïwyr ddianc.

Roedd ei wefusau wedi eu gwasgu'n ddwy linell denau pan ososodd y ffôn i lawr.

Ond roedd sioc waeth yn ei ddisgwyl pan ddychwelodd i'r Orsaf. 'Doedd dim sôn am Proffesor Dalton yn un man. Roedd ei wraig newydd fod ar y ffôn yn gofyn a oedd e wrth ei waith yn yr Orsaf, gan nad oedd hi wedi ei weld er pan gafodd ffôn yn hwyr y noson gynt yn gofyn iddo fynd ar un waith i Graig-y-don, lle roedd Doctor Treharne yn wael iawn ac yn gofyn amdano. Ond nid oedd y Proffesor wrth ei waith, ac fe wyddai'r Cyrnol ar unwaith mai rhywun oedd wedi defnyddio'r stori gelwyddog fod Doctor Treharne yn sâl, er mwyn ei ddenu allan o'i gartref yn nyfnder nos. Fe deimlai'r Cyrnol yn ei esgyrn fod sbïwyr Hitler wedi cael gafael arno, ac wrth gwrs, fe wyddai pam. Roedden nhw ar fin cael eu dal ganddo ef a'i filwyr, ac fe wyddent yn iawn nad oedd amser mwyach i aros nes bydden nhw wedi llwyddo i gael eu dwylo ar yr holl gyfrinachau yn yr Orsaf Arbrofi. Felly beth wnaethon nhw? Dwyn y Prif Wyddonydd, wrth gwrs—yr unig un oedd yn cario'r cyfrinachau pwysig yn ei ben.

Eisteddodd y Cyrnol wrth ei ddesg a rhoi ei ben yn ei ddwylo. Am unwaith teimlai ei fod wedi cael ei drechu'n lân. Ni wyddai beth i'w wneud nesa, na phle i ddechrau edrych am y Proffesor. Ef oedd yn gyfrifol am ddiogelwch yn yr Orsaf Arbrofi—a dyma fe nid yn unig wedi gadael i ddau o ysbïwyr yr Almaen ddianc rhwng ei fysedd, ond hefyd dyma fe wedi gadael i elynion Prydain ddwyn un o'r gwyddonwyr gorau yn y wlad.

Nid oedd eisiau gofyn beth oedd Hitler yn mynd i'w wneud ag ef. Fe fyddai'n ei orfodi i ddatgelu holl

118

gyfrinachau'r *Radar*—a oedd yn mynd i helpu Prydain i ennill y rhyfel.

A oedd y Proffesor eisoes wedi cyrraedd yr Almaen, neu ar ei ffordd yno? Sut oedden nhw'n mynd i'w gael allan o'r wlad? Hedfan? Byddai bron yn amhosib i Hitler anfon awyren i Gymru i'w mofyn. Byddai'n siŵr o gael ei dal a'i ddinistrio. Llong? Roedd hynny'n bosib, wrth gwrs. Cwch bach i ddechrau, i fynd â'r carcharor allan o olwg y tir yn ystod y nos, yna'i drosglwyddo i long fwy, a honno'n mynd ag ef i un o borthladdoedd yr Almaen. Ie—posibl ond nid yn hawdd.

Llong danfor? Ar unwaith eisteddodd y Cyrnol yn syth i fyny. Llong danfor! Wrth gwrs! Roedd mwy o longau tanfor na dim arall gan Hitler. On'd oedden nhw wedi gwneud niwed mawr i longau Prydain yn barod? Ac roedden nhw'n gallu dod yn ddigon agos i'r lan heb i neb eu gweld, na gwybod eu bod nhw yno.

Ond fe allai'r *radar* eu gweld nhw—ac yn Llangïan yr oedd yr arbenigwyr ar y ddyfais newydd. Fe fyddai rhaid rhoi'r gwyddonwyr ar eu gwyliadwriaeth ar unwaith.

Ble roedd y dihirod twyllodrus yn ymguddio? Os nad oedden nhw wedi dianc yn barod, roedd ganddyn nhw guddfan yn rhywle—wedi ei baratoi fisoedd yn ôl, cyn i Doctor Hort "farw"—roedd y Cyrnol yn berffaith siŵr o hynny.

Rywle o gwmpas Craig-y-don? Mewn ogof yn y creigiau na wyddai neb amdani?

Penderfynodd y Cyrnol fynd i Graig-y-don unwaith eto, i holi'r bachgen. Wedi'r cyfan, fe oedd yr unig un oedd wedi gweld Hort ar ôl yr 'angladd'.

Ond cyn mynd fe roddodd orchymyn i sgwad o filwyr fynd ati i archwilio pob ogof ar hyd y glannau (ac roedd llawer ohonynt fel y gwyddai), a rhoddodd orchymyn iddynt beidio â gadael yr un llwyn na thwmpath o redyn neu eithin, heb sylw manwl. Wedyn bu'n ffonio swyddogion pwysicaf yr

Heddlu, ac oddi wrth y rheini, ar hyd y gwifrau, aeth neges i bob rhan o'r wlad, ac erbyn bore trannoeth roedd pob plisman ar y 'look-out' am ddyn â chraith fawr ar ei dalcen, dynes fach ddiniwed yr olwg â llygaid gleision fel llygaid dol—a hen wyddonydd â barf a gwallt gwyn.

A gwyddai'r Cyrnol y byddai'n anodd i Doctor Hort—beth bynnag—ddangos ei wyneb yn un man heb gael ei adnabod.

Cyn iddo adael ei swyddfa am Graig-y-don roedd y soser *radar* yn sgubo'n ôl a blaen dros Fae Aberteifi yn chwilio, chwilio am unrhyw long-danfor a allai fod yn llercian o gwmpas yn y môr, yn barod i gipio'r ysbïwyr a Proffesor Dalton i'r Almaen.

Gan ei bod yn ddydd Sul, roedd teulu Craig-y-don gartre bob un. Mrs Treharne a aeth i'r drws pan gurodd y Cyrnol.

"Cyrnol Grant!" meddai, "dewch mewn."

"Diolch."

"Wel, Cyrnol, fedra i ddim dweud wrthoch chi faint o sioc rwy'i wedi'i ga'l ar ôl clywed . . . Rwyn methu'n lân â chredu, wir i chi! Roedd Mrs Hort a finne'n ffrindie mowr . . . ac i feddwl mai 'spy' oedd hi! A hithe'n byw gyda ni 'ma. O! Ac i feddwl fod y tri 'na wedi cynllunio gyda'i gilydd i dwyllo pawb fod Doctor Hort wedi marw!"

"Ie wir, Mrs Treharne. Ac oni bai fod y bachgen 'na sy gyda chi'n gysgwr gwael . . . mae'n debyg na fuasen ni byth wedi dod i wbod nes oedd hi wedi mynd yn rhy hwyr . . . er, cofiwch, fe all fod yn rhy hwyr fel y mae."

"Gobeithio nad yw hi wir! 'German spy' yn byw yn yr un tŷ â ni! Dyna'r sioc fawr oedd darganfod hynny! Fe allen fod wedi cael ein lladd yn ein cwsg bob un ohonon ni. Eisteddwch, Cyrnol, fe waedda' i ar Idris nawr."

"Y . . . eisie gair â'r bachgen oedd arna' i, Mrs Treharne, os nad oes gwahaniaeth gyda chi."

"Dim o gwbwl. Mae e yn 'i stafell ar y llofft rwyn meddwl. Mi a' i i weiddi arno fe nawr."

Daeth Doctor Treharne allan o'r stydi lle roedd wedi bod yn darllen y papurau dydd Sul.

"A, Cyrnol! Rown i'n meddwl 'mod i'n nabod y llais. Ydych chi wedi cael rhyw wybodaeth?"

"Dim hyd yn hyn, Doctor, ond rŷn ni'n gneud ein gore."

"Druan o Proffesor Dalton! A druan o'r Orsaf Arbrofi hefyd, hebddo fe. Meddyliwch wir am y ddynes 'na, oedd yn edrych mor ddiniwed, yn ein twyllo ni i gyd, ac yn denu'r Proffeser mas o'r tŷ trwy ddweud 'mod i'n wael!"

Daeth Mrs Treharne i lawr o'r llofft a Dic wrth ei chynffon. Edrychodd y bachgen dros ben ei sbectol drwchus ar y Cyrnol. Fe deimlai'n swil iawn.

"Ydych chi wedi dweud wrtho?" gofynnodd y Cyrnol, gan edrych ar y Doctor.

"Na. 'Doedd 'y ngwraig a finne ddim yn siŵr faint i'w ddweud wrth y plant. Fe fydd rhaid iddyn nhw gael gwbod fod Mrs Hort wedi mynd, wrth gwrs."

"Eitha reit."

Yna trodd y Cyrnol at Dic.

"Eisteddwch 'da chi," meddai dan wenu, wrth weld golwg mor ofnus ar wyneb yr hogyn.

"Mae arnon ni ddyled fawr i chi, Dic," meddai'r Cyrnol. "Rŷch chi wedi'n helpu ni i ddarganfod tri 'German spy' yn Llangïan 'ma."

"Fi?" Ni allai Dic gredu ei glustiau.

"Ie, chi. Fe fuon ni lawr yn y fynwent neithiwr . . ."

Edrychai Dic arno mewn dychryn.

"Yn y fynwent?" gofynnodd.

"Ie. Fe fuon ni'n agor bedd Doctor Hort."

Edrychodd Dic yn wyllt ar ei fam a'i dad. Ond roedd y Cyrnol yn dweud rhywbeth eto.

"'Doedd e ddim yno, Richard."

"Ddim yno?" Beth oedd y dyn yn 'i ddweud?

"Na. 'Dyw e ddim wedi marw ŷch chi'n gweld. Nid ysbryd na rhyw 'Dracula' welsoch chi . . . ond y dyn 'i hunan.

121

Rydyn ni'n gwbod erbyn hyn 'i fod e yn fyw. Fe wyddon ni nawr 'i fod e a'i wraig a Doctor Wills wedi trefnu'r holl beth fisoedd yn ôl. Tri o sbïwyr Hitler ydyn nhw.''

Unwaith eto edrychodd Dic ar ei fam a'i dad. Ond roedd gwên ar ei wyneb yn awr. Er nad oedd yn deall y cyfan i gyd, fe wyddai fod y Cyrnol yn credu ei stori.

"Richard,'' meddai'r Cyrnol, "fe garwn i ofyn rhai cwestiyne i chi, os ŷch chi'n fodlon. Nawr—y noson pan oeddech chi'n methu cysgu. Fe glywsoch chi sŵn ond do fe?''

"Do.''

"Ie. Sut sŵn glywsoch chi'n hollol, Richard?''

"Sŵn . . . y . . . sŵn curo—cnocio glywes i gynta'.''

"Cnocio?''

"Ie. A wedyn sŵn drws yn agor, a sŵn rhywun yn cerdded ar y landin. Mrs Hort oedd 'na.''

"Rŷch chi'n siŵr i chi glywed sŵn cnocio *cyn* clywed sŵn traed?''

"Ydw.''

"Rwyn gweld. Fe alle'r cnocio 'na fod yn arwydd i Mrs Hort . . . ond na hidiwch am hynny nawr. Pan aethoch chi lawr y grisie a phipo mewn trwy dwll y clo—rwy'i am i chi gofio'n dda nawr, Richard—oedd Mrs Hort yn gwneud rhywbeth?''

"Down i ddim yn gallu 'i gweld hi am dipyn. Wedyn fe gododd lan . . . ac fe weles 'i gwefuse hi'n symud. Rown i'n meddwl mai siarad â hi 'i hunan roedd hi. Wedyn fe ddaeth y dyn i'r golwg, a phan drodd e at y drws . . . fe weles 'i wyneb e . . .''

"Beth wedyn?''

"Wedyn roedd e'n dod at y drws . . . fe redes i . . .''

"Ie.'' Edrychai'r Cyrnol yn feddylgar. "Oes 'na rywbeth arall y carech chi ddweud wrthon ni, Richard?'' gofynnodd wedyn.

"Y . . . na . . .''

Trodd y Cyrnol at y Doctor a'i wraig.

"Rŷch chi'n deall y bydd rhaid i fi ddod â sgwad o filwyr mewn i'r tŷ 'ma ar un waith . . . i edrych a oes 'ma stafell ddirgel neu seleri neu rywbeth—lle gall y tri fod yn cwato, a lle gallan nhw fod yn cadw'r Proffesor."

"O dier!" meddai Mrs Treharne.

"Ie, fe wn i, Mrs Treharne, ac mae'n ddrwg iawn gen i, cofiwch. Ond mae e'n waith y mae'n rhaid i ni 'i neud rwyn ofni."

Edrychodd ar ei wats. "Mi rodda' i hanner awr i chi, os ŷch chi am glirio rhyw bethe o'r ffordd . . ."

Yna cododd ar ei draed.

"Diolch Richard," meddai. "O ie—cyn i fi fynd—gobeithio na fydd dim gwahaniaeth gyda chi, ond fe fydd milwyr yn gwylio'r lle 'ma ddydd a nos —nes byddwn ni wedi'u dala nhw."

Gyda hynny aeth allan a cherdded i lawr y llwybr tuag at yr Orsaf.

Aeth Mrs Treharne i'r gegin gefn i orffen paratoi cinio ac aeth Doctor Treharne yn ôl i'r stydi i orffen darllen y papurau Sul.

A chan ei bod yn fore Sul braf, fe aeth Dic allan am dro i ben y creigiau i wylio'r môr a'r gwylanod.

Felly nid oedd neb o gwmpas pan gododd Linda a dod i lawr y grisiau rhyw hanner awr yn ddiweddarach. Aeth yn syth at ddrws stafell Mrs Hort. Cafodd y drws yn gil-agored. Yn awr, nid oedd neb wedi dweud wrth Linda fod y ddynes fach â'r llygaid glas, glas wedi diflannu. Felly pan wthiodd ei phen copr heibio i ymyl y drws, a gweld Mrs Hort yn sefyll ar ben cadair ym mhen pella'r ystafell, ni chafodd unrhyw syndod o gwbwl. Roedd cefn yr Almaenes ati a gallai weld ei bod yn gwneud rhywbeth i'r darlun o Doctor Hort oedd yn hongian ar y mur.

"Hylo!" meddai Linda.

Bu bron i Mrs Hort syrthio oddi ar ei chadair i'r llawr,

ond llwyddodd i'w hachub ei hun trwy bwyso'i dwy fraich yn erbyn y wal. Trodd ei phen ac edrychodd ar Linda a golwg mor wyllt ar ei hwyneb nes bron gwneud i'r eneth redeg allan o'r stafell.

"O! Helo, Linda?" meddai'r ddynes, gan geisio gwenu.

"Beth ŷch chi'n neud?" gofynnodd Linda.

"O . . . y . . . tynnu'r llun 'ma o 'ngŵr lawr o'r wal."

"Pam?"

Tynnodd Mrs Hort y llun o'r wal a dechrau ei rowlio.

"O . . . wel . . . fe fydda i'n mynd o 'ma nawr, Linda, ac rown i am gael y llun 'ma i fynd gyda fi. Dyma'r unig lun o Doctor Hort—cyn iddo fe gael damwain—sy' gen i. 'Doeddwn i ddim am adael heb hwn."

Roedd hi'n siarad yn ddistaw iawn, meddyliodd Linda.

"I ble ŷch chi'n mynd?" gofynnodd.

Nid atebodd yr Almaenes am dipyn, dim ond edrych yn syn ar Linda, a rhyw hanner gwên drist ar ei hwyneb.

"O, ymhell o 'ma, Linda," meddai, gan gamu i lawr o ben y gadair.

"I Lunden?"

Unwaith eto lledodd gwên drist dros wyneb Mrs Hort.

"Na nid i Lunden."

"Pam ŷch chi'n mynd?"

"O . . . y . . . o achos y rhyfel, Linda."

Gwelodd Linda ddau ddeigryn gloyw'n cronni yn y llygaid glas, glas.

"Gwell i chi fynd nawr, cariad," meddai'r ddynes. "A—Linda—peidiwch â dweud wrth neb eich bod chi wedi ngweld i bore 'ma, newch chi?"

"Olreit."

"Ydych chi'n addo—wir?"

"Ydw."

"O'r gore. Ewch nawr-te, cariad." Daeth yn nes at Linda a phlygu i roi cusan cyflym iddi. Yna gwthiodd y plentyn allan drwy'r drws.

Ond cyn iddi fynd roedd Linda wedi sylwi fod y carped brown a arferai guddio'r llawr wedi ei godi.

Yn awr roedd e'n gorwedd yn bentwr yn ymyl y lle tân. Roedd Mrs Hort wedi dechrau 'symud' yn barod, meddyliodd.

"Cinio'n barod!"

Llais Mrs Treharne yn gweiddi dros y lle i gyd. Linda oedd y cyntaf i gyrraedd y bwrdd, ond daeth ei thad a Dic yn fuan iawn ar ei hôl.

Wrth fwyta cinio, meddyliodd Linda am eiriau Mrs Hort—"Peidiwch â dweud wrth neb eich bod wedi ngweld i bore 'ma."

Pam roedd hi wedi dweud peth felna?

"Idris," meddai Mrs Treharne yn sydyn, "gwell i chi ddweud wrth Linda. Roedd hi a Mrs Hort yn ffrindie mawr. Mae Dic yn gwbod yn barod; a pheth arall fe fydd y milwyr yn dod cyn bo hir ac yn mynd trwy'r tŷ i gyd—fe ddylai hi gael gwbod beth sy'n mynd ymla'n."

"Ie," meddai'r Doctor. Yna, gan droi at ei ferch dywedodd . . .

"Linda, fydd Mrs Hort ddim yn byw gyda ni ragor . . . mae hi wedi mynd . . ."

"Dyw hi ddim *wedi* mynd, Dadi."

"Ydy, mae wedi mynd—wedi diflannu heb ddweud yr un gair wrth neb."

"Na, dyw hi ddim *wedi* mynd, Dadi."

Edrychodd ei thad a'i mam a'i brawd yn syn arni.

"Mae hi *wedi* mynd, *Linda!*" meddai'r Doctor gan godi ei lais.

Ysgydwodd Linda ei phen.

"Beti, be' sy'n bod ar y groten 'ma? Pam mae hi'n ame â fi felna?"

"Mae Mrs Hort wedi diflannu, Linda," meddai ei mam, yn weddol amyneddgar. "Mae Cyrnol Grant, fuodd 'ma i swper gyda ni, wedi darganfod mai 'spy' dros y 'Germans' oedd hi.''

"O! 'Na gelwydd!" meddai Linda, "'dyw Mrs Hort ddim wedi mynd i unman . . . ddim 'to beth bynnag. Mae hi'n golygu mynd rwyn gwbod.''

Unwaith eto edrychodd y Doctor a'i wraig ar ei gilydd.

"Pwy ddwedodd hynna wrthot ti 'te, Linda?" gofynnodd Dic.

"Mrs Hort 'i hunan ddwedodd . . .''

"PRYD?" gofynnodd ei thad, gan godi o'i gadair.

"Heddi'—gynne fach.''

"Heddi? Yn ble, Linda?" gofynnodd y Doctor, gan blygu dros y bwrdd at ei ferch. Yn awr sylweddolodd Linda ei bod ar fin torri ei haddewid i Mrs Hort.

Caeodd ei gwefusau'n dynn.

Gwthiodd y Doctor ei gadair yn ôl a syrthiodd honno i'r llawr ar ei chefn.

"Ymhle, Linda?" gofynnodd eto, gan daro'r bwrdd â'i ddwrn.

"Rwy'i wedi addo peidio dweud," meddai Linda.

"Addo i bwy, hawyr bach?" gofynnodd ei mam yn syn.

"I Mrs Hort, wrth gwrs," meddai Linda.

"YMHLE, LINDA?" Roedd y Doctor yn gweiddi nawr, ac roedd golwg mor fygythiol arno, fel y penderfynodd Linda fod *rhaid* dweud—er ei bod wedi addo peidio.

"Yn 'i stafell hi, wrth gwrs," meddai, gan geisio swnio'n ddidaro.

Ond yr eiliad nesaf roedd Doctor Treharne yn rhedeg allan o'r stafell ginio ac ar hyd y coridor i stafell Mrs Hort. Hyrddiodd ei bwysau yn erbyn y drws i'w agor. Safodd ar y trothwy yn edrych i mewn.

Roedd y stafell yn hollol wag. Ond sylwodd ar unwaith nad oedd yn edrych yr un fath â phan fu ef a'r Cyrnol ynddi'r bore hwnnw. Roedd y carped wedi ei godi o'r llawr—ac roedd llun Doctor Hort wedi mynd! A'r funud

126

honno—er nad oedd sôn am Mrs Hort yn unman—fe wyddai fod stori Linda'n wir. Yr oedd hi wedi bod nôl yno.

"Rhaid i fi ffonio'r Cyrnol y funud 'ma!" meddai'r Doctor.

Fe ddaeth Cyrnol Grant bron ar unwaith, a'r peirianwyr gydag ef. Aethant yn syth i ystafell Marlene Hort. Edrychodd y Cyrnol yn syn ar y mur lle'r arferai llun Doctor Hort hongian. Ni welai yn awr ond y mur moel.

"Wel," meddai, "mae Mrs Hort wedi gneud un gymwynas â ni wrth ddod nôl i mofyn y llun 'na o'i gŵr—mae wedi dangos i ni fod yna ffordd arall i fynd mewn ac allan o'r ystafell 'ma heblaw trwy'r drws. Trwy'r LLAWR! Ie, mae'n rhaid mai trwy'r llawr, oherwydd mae'r carped wedi'i godi . . . Rwyn credu erbyn hyn, Doctor Treharne, 'u bod nhw i gyd—y Proffesor a Doctor Wills, yn ogystal â Doctor Hort a'i wraig—i lawr o danon ni yn rhywle—mewn hen seleri o dan yr hen dŷ 'ma—seleri, efalle, fuodd yn cael 'u defnyddio gan smyglers slawer dydd. Os yw hynny'n wir, fe ellwch chi fod yn siŵr fod 'na ffordd allan i gyfeiriad y môr . . ."

Bu'n meddwl am funud. Yna trodd at y peirianwyr.

"Wel—ewch ymla'n â hi! Ffeindiwch y ffordd trwodd!"

Fel yn y rhan fwyaf o hen dai yng Nghymru slawer dydd, roedd lloriau Craig-y-don i gyd o lechi gleision mawr; ac yn awr aeth y milwyr ati i edrych yn fanwl ar bob llechen yn ystafell Mrs Hort. Buont yn curo ar bob un ac yn gwrando am unrhyw geudod o dan y llawr am amser hir heb lwyddo i ddod o hyd i'r 'ffordd arall' honno y soniodd y Cyrnol amdani.

Wrth weld yr amser yn mynd heibio a dim yn dod i'r golwg, fe gollodd y Cyrnol ei amynedd yn llwyr.

"Codwch y llawr i gyd!" gwaeddodd, "codwch bob un o'r llechi glas 'ma!"

I wneud pethau'n waeth daeth neges o'r Orsaf fod y *radar* wedi darganfod fod yna 'unidentified object' yn nesáu'n araf at y lan o gyfeiriad y de-orllewin. Aeth y Cyrnol allan i ben y graig ac edrych allan i'r môr. Roedd y bae'n wag heb arwydd o unrhyw long na chwch yn unman.

Gwyddai wedyn fod llong-danfor yn llercian allan yn y bae, ac fe wyddai'n iawn beth oedd hi'n ei wneud yno. Roedd hi wedi dod i mofyn y sbïwyr a'r Proffesor—i'w dwyn i'r Almaen.

Brysiodd i'r Orsaf. Roedd eisiau dod i gysylltiad â'r Llynges ym Milffwrt a'r Llu Awyr yn Aberporth.

Pan ddychwelodd i Graig-y-don, cafodd ystafell Mrs Hort yn edrych fel tomen sbwriel. Roedd cerrig, llwch ac annibendod ymhob man. Erbyn hyn roedd pob llechen las wedi ei chodi ac eithrio dwy neu dair o gwmpas y lle tân. Yn awr cydiodd ef ei hunan mewn caib a dechrau ymosod ar yr hen lechi oedd yn styfnig yn ildio'u lle—am eu bod nhw wedi bod yno ers amser maith iawn.

Fflagen las, fawr yn union o flaen y lle tân oedd yr *un*. Honno oedd y mwyaf styfnig hefyd, a chyn hir fe welwyd pam. Roedd hi'n un drwchus iawn ac roedd hi wedi ei bolltio oddi tani wrth far o haearn rhydlyd.

Ond wedi ceibio o gwmpas y garreg gwelsant y grisiau odani yn arwain i lawr i'r tywyllwch. Cyn gynted ag y rhyddhawyd y garreg rhuthrodd Cyrnol Grant i lawr y grisiau hynny â'i dorts a'i bistol yn ei ddwylo.

Ond ar waelod y grisiau daeth at ddrws trwm a hwnnw ynghlo.

Aeth i fyny i'r golau i mofyn bar i geisio fforsio'r drws. Roedd e'n chwythu ac roedd golwg ffyrnig arno.

Cyn iddo gael cyfle i fynd i lawr y grisiau eto syfrdanwyd pawb gan lais uchel a swniai fel pe bai yn yr ystafell gyda nhw.

"Cyrnol Grant, gwrandewch yn ofalus arna' i."

Cododd y Cyrnol ei ben yn wyllt ac edrych o'i gwmpas.

"Doctor Carl Hort sy'n siarad, Cyrnol. Rwyn gweld eich bod chi o'r diwedd wedi dod o hyd i'r ffordd lawr aton ni.

Ond rwy'i am eich rhybuddio chi, os gnewch chi unrhyw ymdrech i dorri'r drws 'na i lawr i ddod mewn aton ni, fe fydda' i'n saethu Proffesor Dalton. Mae gyda ni'n ffordd allan o'r lle 'ma, a chyn pen awr fe fyddwn ni wedi mynd."

"'Fyddi di, wir!" meddai'r Cyrnol rhwng ei ddannedd. Cydiodd mewn bar haearn mawr o law un o'r milwyr a rhuthro eto am y grisiau.

Cydiodd Doctor Treharne yn ei fraich.

"Cyrnol! Proffesor Dalton!"

Gwthiodd y Cyrnol ef o'r neilltu'n drwsgl a mynd i lawr i'r tywyllwch. Clywodd y lleill sŵn y bar yn taro'r drws ar waelod y grisiau. Edrychodd y milwyr ar Doctor Treharne. Gwyddent ei fod yn gofidio am y gwyddonydd—un o'r mwyaf ym Mhrydain—oedd i lawr yn y seleri yn nwylo'r sbïwyr.

Ond dyn yn *gwneud* yn gyntaf a *meddwl* wedyn oedd y Cyrnol. Teimlai'n gynddeiriog fod yr Almaenwr yn cael y gorau arno.

Trawodd y drws eto, â'i holl nerth, a chlywodd y rhai uwchben sŵn coed yn hollti. Yna llais Doctor Hort yn glir ac yn uchel unwaith eto—yn swnio yn union fel pe bai gyda nhw yn y stafell.

"Rwy'i wedi eich rhybuddio chi, Cyrnol. Un cam heibio i'r drws 'na ac fe fyddwch chi a Proffesor Dalton yn farw gelain."

Roedd y Cyrnol wedi llwyddo i dorri'r drws. Yn awr llifai golau allan ohono, a gallai yntau weld i mewn i'r hen seler. Gwelodd fod y golau'n dod o fylb trydan cryf yn y to. Roedd y seler wedi ei dodrefnu'n ddigon cyfforddus, er mai cistiau ac offer radio oedd yn cymryd y rhan fwyaf o'r lle ynddi. Ar ryw fath o soffa gorweddai Proffesor Dalton. Ar un ochr iddo safai'r dyn â'r graith las, â phistol Mauser mawr yn ei law. Yr ochr arall i'r soffa safai Mrs Hort. Y tu ôl i fwrdd yng nghanol y stafell eisteddai Dr Wills. Roedd e'n wynebu'r drws ac roedd gwn hir a pheryglus yr olwg yn ei law a hwnnw'n pwyntio'n syth at y drws toredig.

Clywodd y Cyrnol sŵn troed tu ôl iddo. Roedd Doctor Treharne wedi dod i lawr y grisiau. Gwgodd y Cyrnol arno, ond ni ddywedodd air.

"Hort!" gwaeddodd, "mae ar ben arnoch chi nawr; dewch yn dawel neu fe fydd 'ma sgarmes, a 'does dim eisie dweud wrthoch chi pwy sy'n mynd i ennill honno."

Yn awr gallai Doctor Treharne weld am y tro cyntaf—wyneb y dyn â'r graith las. Roedd e'n gwenu nawr ac edrychai'n filain tu hwnt.

"Mae'r chwip yn fy llaw i, rwyn ofni, Cyrnol." Edrychodd ar ei wats. "Mae'n bump o'r gloch ac yn dechre tywyllu tu allan, ac mae'r riport ar y tywydd rŷn ni newydd dderbyn ar y radio'n dweud 'niwl a glaw mân'—tywydd ardderchog at ein pwrpas ni. Cyn pen awr, fe fyddwn ni ar ein ffordd i'r Almaen . . ."

"'Fyddi di ddim yn mynd i'r Almaen yn y sybmarîn 'na sy' mas yn y bae, Hort, alla' i fentro dweud wrthot ti!"

Diflannodd y wên oddi ar wyneb Doctor Hort.

"Rŷch chi'n gwbod amdani ŷch chi, Cyrnol? Wel, wel, sut daethoch chi i ben â hynna nawr?"

"Na hidia—rwyt ti'n gwbod mod i'n dweud y gwir."

"Radar? Ydych chi wedi perffeithio'r ddyfais, Cyrnol?"

"Yn ddigon da i allu dilyn pob symudiad o'r sybmarîn 'na sy wedi dod i'ch mofyn chi. Mae'r Llynges a'r R.A.F. ar 'u ffordd 'ma'n barod. Aiff honna ddim mas o fae Aberteifi, Hort."

"Wel," meddai'r dyn â'r graith las, gan droi at ei wraig. "Fe fydd rhaid i ni ddefnyddio plan 'B' wedi'r cyfan."

"Cyrnol!" gwaeddodd Mrs Hort, "dwedwch wrth Doctor Treharne a'r teulu am adael y tŷ 'ma ar unwaith."

"Marlene!" meddai Hort. Ond ni chymerodd ei wraig sylw.

"Mae bom yn y tŷ, ac mae swits ar y wal fyn hyn—dim

ond gwasgu'r botwm sy eisie, ac fe fydd y lle'n deilchion a phawb sy ynddo fe.''

Chwarddodd y Cyrnol yn chwerw.

"A beth amdanoch chi, bobol? Beth fydd yn digwydd i chi os ffrwydrwch chi'r bom 'na?''

"Fe fyddwn ni'n saff lawr fan yma, Cyrnol,'' meddai Doctor Hort, "coeliwch chi fi. Rwy'i wedi gneud digon o arbrofion dan ddaear, fel y gwyddoch chi mae'n debyg.''

Gwyddai'r Cyrnol ei fod—yn fwy na thebyg—yn dweud y gwir. Nid oedd Proffesor Dalton wedi symud gewyn ar y soffa. Roedd e'n cysgu'n dawel. O dan effaith drygiau, debyg iawn, meddyliodd y Cyrnol.

Clywodd sŵn traed Doctor Treharne yn mynd i fyny'r grisiau. Gwgodd y Cyrnol eto. A oedd y Doctor yn mynd i geisio cymryd yr awdurdod i'w ddwylo ei hunan? Clywodd y Doctor yn gweiddi.

"Pawb allan o'r tŷ 'ma! Pawb allan!''

Teimlai'r Cyrnol yn ffyrnig, ond ni adawodd y drws ar waelod y grisiau.

"Hort,'' meddai, "hyd yn oed ar ôl chwythu'r tŷ 'ma i smidderîns—beth wedyn? M? 'Does gyda chi ddim gobeth dianc.''

"Niwl a glaw mân a thywyllwch, Cyrnol. A wyddoch chi ddim ble mae'r twnnel ymhen pella'r seler 'ma'n dod allan. Rydyn ni wedi gneud ein trefniade'n ofalus, coeliwch chi fi, ac mae gyda ni ffrindie heblaw'r rhai yn y sybmarîn.''

Ni ddywedodd y Cyrnol air am funud. Roedd pobman yn dawel uwch ei ben erbyn hyn, a phawb, roedd hi'n amlwg, wedi gwrando ar gyngor Doctor Treharne ac wedi mynd allan o'r tŷ.

"Ewch ar 'u hôl nhw, Cyrnol,'' meddai Mrs Hort. "'Dŷch chi ddim yn ddiogel fanna.''

Petrusodd y Cyrnol am funud. Roedd e'n ddyn cwbwl di-ofn. Ond roedd eisiau mynd i fyny arno i roi gorchmynion newydd i'w ddynion.

"Gadewch i Proffesor Dalton ddod gyda fi," meddai.

Chwarddodd Doctor Hort. "Proffesor Dalton? Yr arbenigwr mawr ar *radar?* Dewch nawr, Cyrnol!"

Trodd y Cyrnol ar ei sawdl yn sydyn a mynd i fyny'r grisiau. Nid oedd neb o gwmpas. Aeth allan trwy'r drws ffrynt a oedd ar agor. Roedd hi'n dywyll erbyn hyn a theimlodd y glaw mân yn disgyn ar ei wyneb.

Yna clywodd sŵn peiriannau a gwelodd olau yn dod yn araf i fyny'r lôn at y tŷ. Wedi iddynt ddod yn ddigon agos gwelodd mai dwy lori o'r Orsaf oeddynt. Tra bu ef i lawr y grisiau nid oedd ei ddynion wedi bod yn segur. Roedd y Sarjiant wedi rhoi gorchymyn i ddod â dwy lori i fyny at y tŷ er mwyn defnyddio eu goleuadau i geisio gweld unrhyw un fyddai'n ceisio dianc yn y tywyllwch.

Clywodd rywun yn gweiddi, "Cyrnol Grant!" Adnabu lais Doctor Treharne.

Cerddodd i lawr y llwybr, ac yno, tu ôl i glogwyn mawr cafodd y Doctor, ei wraig a'i blant a nifer o'i filwyr.

Erbyn hyn roedd y Sarjiant wedi gosod y ddwy lori mewn man yn ddigon pell o'r tŷ i osgoi'r ffrwydriad pan ddeuai, ac yn ddigon agos i'w lampau mawr oleuo'r lle i gyd.

"Proffesor Dalton, Cyrnol," meddai Doctor Treharne, "Ydy e'n fyw?"

"Ydy," meddai'r Cyrnol yn gwta. Roedd e'n gwylio'r tŷ am 'i fod e'n disgwyl i hwnnw fynd yn chwilfriw unrhyw funud.

"Roedd e'n gorwedd mor llonydd . . ." meddai'r Doctor wedyn.

"Roedd e'n anadlu. Rown i'n gallu gweld . . . roedd e reit o dan y golau . . ."

"Ble maen nhw'n cael golau 'te, Dadi?" gofynnodd Linda a oedd yn cyrcydu yn ymyl ei thad yng nghysgod y graig.

"Sh! Linda," meddai ei mam, "golau trydan, wrth gwrs, cariad."

"Yr un trydan â ni?"

"Ie, ie, Linda!" meddai ei thad yn ddi-amynedd. Bu ennyd o ddistawrwydd.

Yna cododd y Cyrnol ar ei draed yn sydyn.

"Dyna fe! Wrth gwrs! Da iawn Linda!" Roedd e'n swnio'n gynhyrfus.

"Pam, be' sy, Cyrnol?" gofynnodd y Doctor, "ddwedodd Linda rywbeth . . . ?"

"Wrth gwrs. 'Does dim munud i'w golli! Sarjiant, dewch gyda fi."

"Syr?" meddai'r dyn bach â mwstas hir o dan ei drwyn.

"Mae gyda ni un cyfle. Torri'r trydan i ffwrdd."

Edrychodd pawb yn fud.

"Chi ac un arall—dewiswch chi e—i ddod gyda fi. Doctor Treharne fe wyddoch chi ble mae 'main switch' y trydan?"

"Wrth gwrs."

"O'r gore. Rwyn mynd i ofyn i chi ddod nôl i'r tŷ gyda ni nawr—ar unwaith . . . gobeithio i'r nefoedd fod gyda ni amser. Tra bydda i a dau ddyn . . . 'does dim lle i ragor lawr y grisie 'na . . . yn mynd nôl at y drws yn y seler . . . rwy'i am i chi fynd i droi'r 'main switch' i ffwrdd. Dewch!"

"O na!" meddai Mrs Treharne, gan gydio yn ei gŵr.

"Beti," meddai hwnnw, "rhaid i fi fynd."

Tynnodd freichiau ei wraig oddi amdano ac aeth ar ôl y Cyrnol a'r ddau filwr oedd yn mynd yn frysiog am y tŷ.

Yn y coridor dywedodd y Cyrnol. "Rhifwch ugain gan bwyll bach, Doctor, i roi digon o amser i ni gyrraedd gwaelod y grisiau—yna trowch y cyfan i ffwrdd. Yn y tywyllwch rwyn gobeithio y medrwn ni'n tri 'u cymryd nhw. Ewch nawr—ugain yn araf—a gweddïwch yr un pryd, Doctor."

Aeth y Cyrnol yn flaenaf i lawr y grisiau.

"Doctor Hort!" gwaeddodd cyn cyrraedd y gwaelod, "Doctor Hort!"

Disgwyliai bob eiliad i'r tŷ fynd yn chwalfa o'i gwmpas.

Ond cyrhaeddodd y drws yng ngwaelod y grisiau cyn i ddim byd ddigwydd. Trwy'r twll yn y drws gwelodd y Cyrnol fod Dr. Wills yn awr wrth y set radio, a bod Mrs. Hort wedi gwisgo cot hir, drwchus yn barod i ymadael.

"Mae'n amlwg nad oes arnoch chi ddim llawer o awydd byw'n hen, Cyrnol," Roedd llais Carl Hort yn galed ac yn filain.

"Doctor, rwy'i am wneud bargen â chi."

"'Dwy'i ddim yn meddwl y llwyddwch chi, Cyrnol, ond fe ellwch chi roi cynnig arni—dim ond i chi frysio."

"Rhowch chi Proffesor Dalton i fi yn fyw ac yn iach ac fe gewch chi awr gen i—i ddianc."

Ond cyn i'r Almaenwr gael cyfle i ateb aeth y golau allan a syrthiodd tywyllwch fel y fagddu dros y seler a phobman.

"NAWR!" gwaeddodd y Cyrnol, gan ei hyrddio 'i hun trwy'r drws.

Clywodd Doctor Treharne wn yn tanio, yna sŵn gweiddi uchel. Sŵn ergyd wedyn a sgrech. Rhywun wedi cael ei glwyfo neu ei ladd, meddyliodd. Clywodd ragor o sŵn gweiddi a sgythru lawr yn y seler ond roedd hi'n rhy dywyll iddo weld dim.

"Golau! Golau, Doctor, os gwelwch chi'n dda!" Llais mawr y Cyrnol yn taranu trwy'r tŷ i gyd.

Rhedodd y Doctor yn ôl at y 'main switch' ym mhen pella'r coridor. Tynnodd y tafod dur i lawr a neidiodd golau i bob man. Rhedodd wedyn i stafell Mrs Hort. Cyrhaeddodd mewn pryd i weld Carl Hort yn dod i fyny'r grisiau o'r seler a'r Sarjiant bach â'r mwstas hir yn union tu ôl iddo, yn gwasgu pistol yn ei gefn. Roedd golwg ryfedd iawn ar y dyn â'r graith las. Roedd ei wyneb yn wyn fel y galchen ac roedd e'n crynu gan deimlad.

"Heil Hitler!" gwaeddodd gan sefyll yn syth fel ffon. Roedd ei lygaid yn wyllt a'r graith fawr ar ei dalcen yn gwingo.

"Cydiwch ynddo fe!" gwaeddodd y Sarjiant wrth y milwyr, a oedd yn awr wedi dychwelyd i'r tŷ.

Ond ble roedd y lleill? Roedd Doctor Treharne yn gofidio am Proffesor Dalton. Aeth i lawr y grisiau i'r seler.

Ar ganol y llawr safai'r Cyrnol â phistol yn ei law. Roedd gwaed yn rhedeg yn araf i lawr o'i dalcen ar hyd ei foch. Roedd Proffesor Dalton wedi codi ar ei eistedd ar y soffa, ac yn awr edrychai o'i gwmpas fel dyn mewn breuddwyd. Ar y llawr gorweddai rhywun mewn cot fawr, drwchus. Penliniai Dr Wills yn ymyl.

"Cyrnol," meddai'r Doctor yn dawel, "beth sy wedi digwydd 'ma?"

Trodd y swyddog ei ben. Roedd golwg flinedig iawn arno.

"A, Doctor Treharne! Mae'r cyfan drosodd nawr, a'r Proffesor yn iawn ond 'i fod e'n drwm dan effaith drygiau. Rwy' wedi hala mofyn 'stretcher'—dau a dweud y gwir—waeth mae Mrs Hort . . ."

Cyfeiriodd at y llawr.

"Beth sy wedi digwydd iddi?"

"Rwyn ofni . . ."

"Chi saethodd hi, Cyrnol?" Roedd llais y Doctor yn ddig.

"Nage, diolch byth, nid fi."

"Pwy te?"

"'I gŵr."

"'I gŵr?"

"Ie. Pan aeth y gole allan rwyn meddwl i Hort geisio saethu'r Proffesor—ond yn y tywyllwch fe anelodd yn rhy uchel . . . ac roedd 'i wraig yn sefyll gyferbyn . . . ac yn lle saethu'r Proffesor fe aeth y fwled trwy gorff 'i wraig a mewn i'r wal fanco . . . rwyn ofni nad oes dim gobaith amdani."

Camodd Doctor Treharne heibio i'r Cyrnol ac edrychodd i lawr ar y ddynes fach oedd wedi bod yn byw gydag ef a'i deulu yng Nghraig-y-don. Roedd y ddau lygad glas, glas—fel llygaid dol—ar agor led y pen. Roedden nhw'n edrych yn syth i fyny ar do'r seler; ond 'doedden nhw ddim

yn gweld bellach oherwydd yr oedd Mrs Hort wedi tynnu ei
hanadl olaf.

Cododd Dr Wills ar ei draed ac ysgydwodd ei ben.

Yna daeth y Sarjiant bach, prysur i lawr eto i'r seler. Y
tro hwn roedd pedwar milwr â dau 'stretcher' yn ei ddilyn.
Cydiodd y Sarjiant ym mraich Doctor Wills a'i wthio am y
drws. Aeth y Cyrnol draw at y Proffesor.

"Dewch, syr," meddai, "rwy am i chi orwedd ar y
'stretcher' 'ma nawr, mae eich gwraig yn eich disgwl chi
adre."

"Beth sy'n mynd ymla'n 'ma, Cyrnol? Cadwch chi lygad
ar y Doctor Wills 'na—twyllwr yw hwnna! A Hort! Y
bradwr—roedd e'n fyw wedi'r cyfan!"

Gwenodd y Cyrnol. "Dewch nawr, syr, i chi gael mynd
adre. Fe gawn ni drafod popeth bore fory."

"Mae gwaed ar eich wyneb chi, Cyrnol."

"'Dyw e ddim o bwys, wir i chi, syr." Gwnaeth arwydd ar
y ddau filwr. Ni phrotestiodd yr hen wyddonydd wrth gael ei
osod ar y 'stretcher' a chyn pen munud roedd e wedi ei
gludo i fyny'r grisiau . . . Yn union wedyn, ar y 'stretcher'
arall, aeth corff bach, ysgafn Mrs Hort i fyny hefyd.

Yn awr dim ond Doctor Treharne a'r Cyrnol oedd ar ôl yn
y seler.

"Druan o Marlene Hort," meddai'r Cyrnol, "fe fu farw o
flaen ei gŵr wedi'r cyfan."

Ysgydwodd y Doctor ei ben yn drist.

"Wfft i'r hen ryfel 'ma, Cyrnol. Wyddech chi—onibai am
y rhyfel fe fyddwn i'n 'i chyfri hi'n anrhydedd i allu
gwahodd gwyddonydd mor ddisglair â Carl Hort i swper
gyda fi yng Nghraig-y-don unrhyw amser. Fe fydden ni'n
gyfeillion yn gallu siarad am wyddoniaeth gyda'n
gilydd—ond nawr—o achos y rhyfel—mae e a finne'n
elynion . . . roedd e'n barod i'n chwythu i a 'nheulu lan
gyda'r tŷ . . . ac mae'n debyg y byddwn innau'n barod 'i
saethu fe . . ."

"Dewch, Doctor. Rŷch chi, fel finne, wedi blino. Fe gewch chi gysgu'n dawel heno—ar ôl i ni ddod o hyd i'r bom 'na a'i di-ffiwsio hi."

"Ydych chi'n credu fod 'ma fom?"

"'Does dim mwy sicir, Doctor. Mae'r swits ar y wal fanco. Nid dyn i chwythu bygythion gwag oedd Carl Hort. Sut mae e'n teimlo erbyn hyn ys gwn i—wedi saethu 'i wraig?"

"Pan ddaeth e lan o'r seler fe safodd i fyny'n syth a gweiddi—'Heil Hitler'!"

"Y ffŵl gwirion!" meddai'r Cyrnol. Plygodd a chodi darn o bapur wedi ei rowlio, o lawr y seler. Agorodd ef. Llun Carl Hort yn ddyn ifanc ydoedd, wedi ei dynnu allan o'i ffram, erbyn hyn. Wrth edrych ar y talcen llydan a'r wyneb cul, golygus roedd Doctor Treharne yn cofio'r wyneb a welsai ar ben y grisiau'r noson honno. Roedd y gwahaniaeth rhwng y ddau yn arswydus.

"Efalle fod y Doctor Hort sy'n y llun 'ma *wedi* marw ers amser, Cyrnol. A falle mai dyna pam y mentrodd 'i wraig nôl i'r stafell i mofyn y llun 'ma. Falle'i bod hi am 'i gofio fe fel roedd e . . ."

"Dewch, Doctor, maen nhw'n disgwl amdanon ni." Gadawodd y Cyrnol i'r llun lithro o'i ddwylo i'r llawr. Ni cheisiodd Doctor Treharne ei godi.

Aeth y ddau i fyny o'r seler ac allan i'r awyr agored trwy ddrws y ffrynt. Roedd hi'n dal i fwrw glaw mân, a rowliai cymylau lledrith o niwl i mewn o'r môr. Clywsant sŵn awyren yn chwyrnellu heibio uwch eu pennau.

"A!" meddai'r Cyrnol, "y sybmarîn. Bron nad own i wedi anghofio'r cwbwl amdani!"

Yna, allan yn y môr, clywsant sŵn ffrwydro mawr.

"'Does ganddi ddim gobaith, Doctor Treharne. Mae llygad y *radar* arni bob munud—yn gallu 'i gweld hi trwy'r niwl a'r cwbwl i gyd—hyd yn oed pan fydd hi ar waelod y

137

môr. Dyfais dda yw'r *radar* 'ma. Fel mae'r Proffesor yn hoff o ddweud, 'Fe all ennill y rhyfel i ni'."

Yna daeth y plant a Mrs Treharne o rywle.

"A!" meddai'r Cyrnol, "rwy'i am i chi'ch pedwar ddod i gael swper gen i yn yr 'Officers Mess' heno. Falle mai dim ond 'Fish and Chips' gewch chi, cofiwch."

"O, fe fydd y ddau 'ma wrth 'u bodd 'te!" atebodd Mrs Treharne, gan edrych ar Dic a Linda.

DIWEDD